Eva Fischer

PIZZA
OHNE REUE

tasty & healthy

Brandstätter

Eva Fischer

PIZZA
OHNE REUE

tasty & healthy

Brandstätter

#pizzaohnereue

INHALT

Das LCF Prinzip

PIZZA OHNE REUE!

Das LCF Prinzip

*„When the moon hits your eye
Like a big pizza pie, that's amore"*

DEAN MARTIN

Oft werde ich gefragt, was ich am meisten vermisse, seitdem ich mit 21 Jahren die Diagnose Zöliakie (Glutenunverträglichkeit) bekam. Lange Zeit war meine Standardantwort ganz klar: Pizza!

Ich liebe Pizza. Sie ist so gut, so einfach und so unglaublich kommunikativ. Sie passt immer – man kann sie im schicken Restaurant bei einem Gläschen Rotwein ebenso genießen wie als Familienessen, das alle Generationen glücklich macht, als Takeaway aus dem Karton mit Freunden, beim Fernsehabend mit dem Partner oder in der Mittagspause. Man kann sie prima teilen, und die verschiedenen Geschmacksrichtungen lassen sich bestens untereinander variieren, neue Varianten wollen ausprobiert und entdeckt werden. Dazu kommt die emotionale Komponente – der würzige Duft frisch gebackener Pizza lässt mich an Italien-Urlaube und glückliche Kindheitstage denken.

Meine Glutenunverträglichkeit hat mir beigebracht, beim Kochen kreativ und experimentierfreudig zu sein. Als mir klar wurde, dass mir meine geliebte Pizza in Zukunft verwehrt sein würde, suchte ich nach Alternativen und begann, Pizza nach dem von mir entwickelten Life-Changing-Food-Prinzip (LCF)* zuzubereiten. Je mehr ich experimentierte, desto kreativere Ideen für Pizzaböden und Belag fand ich. Mehl spielte oft gar keine Rolle mehr. Eher waren es Gemüse wie Blumenkohl oder Süßkartoffeln oder Getreide wie Hirse, Quinoa & Co, die als Grundlage für meine neuen Pizzakreationen dienten.

Als großer Pizzafan möchte ich mit diesem Buch zeigen, wie vielfältige Möglichkeiten es für diese Spezialität gibt. Pizza, die bunt, einfallsreich und lecker ist und ohne Reue verzehrt werden kann, da sie nach dem LCF-Prinzip zusammengestellt wird und voller Nährstoffe steckt. Dafür habe ich meine besten Pizza-Rezepte zusammengefasst. Ich bin sicher, jede und jeder findet eine persönliche Lieblingspizza oder gleich mehrere. Seien es Gesundheitsbewusste auf der Suche nach alltagstauglichen Rezepten, Gourmets, Kinder, von Unverträglichkeiten Betroffene, Experimentierfreudige – und natürlich alle Pizzafans und alle, die es noch werden wollen!

Die köstliche Belohnung ist gesunder, vollwertiger Hochgenuss. Lass dich überraschen vom bunten Pizzavergnügen!

*Viel Freude beim
Lesen & Nachkochen*

* Mehr zu LCF findest du auf S. 32 ff. und in meinen zwei anderen Kochbüchern („LCF – das 21-Tage-Programm" und „LCF – Super Bowls").

PIZZA, AMORE MIO

Pizza kommt aus Italien, vermutlich aus Neapel. Im Jahr 2005 haben die Süditaliener ihre Pizza mit den typischen Zutaten für Teig und Belag sogar als Warenzeichen in der Europäischen Union eintragen lassen. Heute ist Pizza weltweit ein beliebtes Essen. Italienische Auswanderer brachten sie schon im 19. Jahrhundert in die USA und in viele andere – vorwiegend europäische – Länder.

Wenn ich so zurückdenke, entstamme ich der „Generation Pizza": Ab den 1980er Jahren boomten die Fast-Food- und Tiefkühlpizzen und italienische Lokale fanden regen Zulauf. Lebensmittelkonzerne boten die unverwechselbare Steinofenpizza in allen Variationen an. Lieferdienste stellten die gewünschte Sorte frisch und heiß im Pappkarton zu. Das wurde nicht nur in den USA, sondern auch bei uns begeistert begrüßt, denn Pizza eignet sich für jede Gelegenheit – fürs schnelle Mittag- oder Abendessen, die Kinder-Geburtstagsparty, als Büromahlzeit, als Snack für unterwegs und zu jeder Jahreszeit. Der Belag mit den typischen Zutaten machten Margherita, Napoli, Quattro Stagioni, Funghi, Caprese, Calzone usw. zum Begriff für Alt und Jung. Seitdem ist Pizza auch bei uns ein Klassiker und liegt seit Jahrzehnten ungebrochen im Trend.

Was Teig und Belag angeht, haben viele Länder längst ihr eigenes, unverwechselbares „Modell" kreiert. In der Beliebtheit haben diese landestypischen Pizzen das bzw. die Originale oft sogar überholt. Auch in diesem Kochbuch findest du ein Kapitel für länderspezifische Pizza – von mir interpretiert, auf Basis von Ideen, die ich auf Reisen gesammelt habe.

Pizzen mit hochwertigen Zutaten, seien sie vegan, vegetarisch oder tierischen Ursprungs, ohne Gluten und Zusatzstoffe, sind eine köstliche und gesunde Alternative und genauso kommunikativ wie ihre ungesunden Namensvettern. Mit meinen Pizzen möchte ich mithelfen, eine neue „Pizza-Generation" hervorzubringen, die die Originale auf leichtere, gesunde und köstliche Art neu interpretiert.

Meine Glutenunverträglichkeit hat mich schon früh dazu gebracht, Pizzateig mit glutenfreiem Mehl herzustellen. Später begann ich mit anderen Mehlsorten wie Buchweizen, Mandelmehl oder Quinoa zu experimentieren. Und warum immer Getreide als Basis? Aus Blumenkohl, Süßkartoffeln oder Zucchini, Auberginen und Pilzen lassen sich herrliche Pizzavariationen zaubern.

Eine logische Folge war, nach dem Teig dann auch den Belag zu variieren. Inspiriert von Reisen, exotischen Zutaten oder wiederentdeckten heimischen Superfoods habe ich angefangen, neue Kombinationen auf den Pizzateig zu bringen. Die Ergebnisse waren so überzeugend, dass ich meinen Pizza-Gelüsten seitdem nicht mehr entsagen muss. Herrlich!

EINE NEUE „PIZZA-GENERATION"

Pizza ist gerade bei Kindern und Jugendlichen sehr beliebt. Zu Recht, wenn sie aus den besten Zutaten besteht und abwechselnd mit anderen Hauptmahlzeiten auf den Tisch kommt. Aber gerade das ist häufig nicht der Fall: Zu viel Pizza und Pizza in fragwürdiger Qualität lassen den kulinarischen Klassiker zum Problem werden. Minderwertige Rezepturen mit „Käse" und „Schinken", die diese Namen nicht verdienen, machen dick statt glücklich, belasten Magen und Verdauung, bringen keine Energie und schaden der Gesundheit.

WAS ICH AN PIZZA BESONDERS LIEBE

Pizza ist ein perfektes Essen: kommunikativ, vielfältig, kreativ und immer wieder superlecker. Eine bunt belegte Pizza ist echtes „Mood Food", das nicht nur satt, sondern auch glücklich macht. Pizza passt für kleine und große Runden, sie kann gesundes Fastfood sein oder ein zelebriertes kulinarisches Erlebnis. Man liebt sie heiß aus dem Ofen, kann sie aber auch kalt oder aufgewärmt genießen. Pizza ist ein wunderbares Familien- und Gäste-Essen oder ein Partyspaß. Man muss einfach nur ausprobieren!

MEINE PIZZATEIGE

War es anfangs noch eine Notwendigkeit, wegen meiner Glutenunverträglichkeit Pizzateige zu finden, die ohne konventionelles Mehl auskommen, so wurde daraus schnell eine Passion: Mit zunehmender Begeisterung habe ich entdeckt, dass sich neben Gemüse wie beispielsweise Blumenkohl auch glutenfreie Getreide bestens dafür eignen, leckere Pizzaböden zu kreieren. Hier stelle ich die wichtigsten Zutaten für meine Pizzateige vor.

REIS

Die Palette ist groß: hell, dunkel bis schwarz, lang oder kurz, Wild-, Basmati, Vollkorn, Rundkorn- oder Langkornreis, parboiled oder poliert … Reis stellt für die Hälfte der Menschheit das wichtigste Grundnahrungsmittel dar. In Asien werden pro Kopf 120 kg Reis pro Jahr verspeist. Botanisch gesehen ist Reis eine Gräserfrucht und zählt zum Getreide. Reis hat unter den Getreidesorten den höchsten Stärkegehalt. Getreide allgemein ist besonders reich an dem komplexen Kohlenhydrat Stärke. Der ernährungsphysiologische Vorteil von Stärke ist, dass sie sehr langsam ins Blut aufgenommen wird und der Blutzuckerspiegel dadurch nur sehr langsam steigt. Deshalb hält Stärke angenehm lange satt.

Reis enthält viele Ballaststoffe, die für unseren Körper sehr wichtig sind, da sie die Kontaktzeit der Darmschleimhaut mit krankmachenden Stoffen verkürzen. Sie quellen mit Wasser auf und regen den Darm zu verstärkter Bewegung an. Reis enthält die Mineralstoffe Jod, Magnesium, Phosphor und die Vitamine B1, B2, B6 sowie Vitamin E. Das in ihm ebenfalls enthaltene Kalium hat eine stark entwässernde Wirkung. Sein Protein- und Fettgehalt ist sehr niedrig, doch setzt sich das Protein aus essentiellen Aminosäuren zusammen, weshalb Reis ein wichtiger Energielieferant ist.

Reis ist glutenfrei und deshalb besonders geeignet für Menschen mit einer Glutenunverträglichkeit (Zöliakie). Viele glutenfreie Produkte werden mit Reismehl oder aus Reisflocken hergestellt. Ich habe Reis, Reisnudeln und Reismehl für meine Pizza-Rezepte entdeckt, s. S. 19, 93, 103, 114, 139.

BUCHWEIZEN

Buchweizen ist ein Grundnahrungsmittel in meiner Küche und Hauptbestandteil der meisten meiner Backrezepte. Auch einen der Grundteige in diesem Buch habe ich mit Buchweizen zubereitet. Du findest ihn auf S. 159 sowie auf den S. 19, 24, 59, 61, 62, 69, 85, 94, 133 und 143 Pizza-Rezepte mit Buchweizen.

Trotz des Namens ist Buchweizen nicht mit dem herkömmlichen Weizen verwandt. Ganz im Gegenteil – er ist glutenfrei und wird deshalb sehr oft in meiner Küche eingesetzt. Dazu kommt seine grandios gesunde Zusammensetzung: In Buchweizen stecken eine Menge Eisen, Kalium sowie B-Vitamine. Der hohe Kieselsäuregehalt ist speziell für unsere Haut, Haare und Nägel optimal.

Verglichen mit herkömmlichem Getreide wie Weizen, Dinkel, Gerste, Roggen & Co enthält Buchweizen ein besonders hochwertig zusammengesetztes Eiweiß mit essentiellen (lebenswichtigen) Aminosäuren. Zudem ist er leicht verdaulich und für Menschen mit Zöliakie geeignet.

Buchweizen ist eine Pflanze und hat nichts mit der Buche zu tun. Da aber ihre Samenkörner an Bucheckern erinnern, erhielt die Pflanze ihren Namen. Im Handel ist Buchweizen als Mehl oder ganze Körner erhältlich. Die Körner werden wie Reis gekocht – die Garzeit beträgt ca. 25 Minuten. Buchweizen kann sehr gut für Laibchen, zum Füllen von Gemüse, als Beilage, Auflauf oder in Suppen verwendet werden. Sehr bekannt und auch äußerst lecker sind die französischen Buchweizen-Crêpes namens Galettes.

QUINOA

Ich koche sehr viel mit Quinoa. Meistens verwende ich sie für Salate oder als Beilage oder zum Frühstück. Quinoa gilt als eine der ältesten Kulturpflanzen der Menschheit, die den Ureinwohnern der südamerikanischen Anden schon vor 6000 Jahren als wichtige Nahrungsgrundlage diente.

Seit einiger Zeit ist sie auch bei uns sehr beliebt und leicht erhältlich. Das finde ich super, denn Quinoa ist unglaublich vielfältig einsetzbar und ebenso lecker wie gesund. Auch einer meiner Pizza-Grundteige basiert auf Quinoa, du findest ihn auf S. 156. Beispiele für Pizzen mit Quinoa findest du auf den S. 27, 40, 56, 82, 97, 117 und 148.

Botanisch gesehen handelt es sich bei Quinoa um eine getreideähnliche Pflanze, die zu den Gänsefußgewächsen zählt. Verwandt ist Quinoa unter anderem mit Spinat, Mangold und roten Rüben. Dank der besonderen Eiweißzusammensetzung der Pflanze ist Quinoa eine bessere Eiweißquelle als herkömmliche Getreidesorten. Quinoa enthält viele wertvolle Inhaltsstoffe: Sie ist reich an Calcium, Magnesium, Eisen und Zink und enthält verschiedene Vitamine der B-Gruppe sowie viel Vitamin E. Optimal ist Quinoa auch, weil sie nur gute, ungesättigte Fettsäuren liefert.

Vor dem Kochen sollte man darauf achten, dass man die Samen gut unter heißem Wasser wäscht, da in der Samenschale der Körner noch eine geringe Menge Saponine enthalten sein könnten, die bitter schmecken.

MAIS

Mais ist eine uralte Kulturpflanze indianischen Ursprungs, er kommt aus Zentralmexiko und Peru. Mais gilt als eines der wichtigsten Grundnahrungsmittel der Welt, hauptsächlich in Entwicklungsländern. Die Vielfalt an Sorten und im Einsatz für Fertigprodukte ist groß: Es gibt sogar schwarzen Mais, genannt „Schwarzer Azteke".

Da Mais glutenfrei ist, spielt er in der glutenfreien Küche eine große Rolle. Pizza aus Maismehl (Polenta) war eine der ersten glutenfreien Pizzavarianten, die ich ausprobiert habe (s. S. 71).

In diesem Buch findest du Mais auch in einer zweiten Form: Mais-Tacos und -Tortillas sind etwas unkonventionelle, aber superleckere Pizza-Böden, eine perfekte Alternative, wenn man nicht selbst backen möchte (s. S. 20, 44, 104, 109 und 129)!

Mais überzeugt nicht nur mit seinem Geschmack, sondern auch durch seine vorteilhafte Nährstoffkombination. Er enthält neben etwa 72% Wasser Kohlenhydrate, Eiweiße und wertvolle Mineralstoffe wie Eisen, Kalium, Kalzium, Natrium und Phosphor. Außerdem stecken im Mais verschiedene B-Vitamine, Provitamin A, Vitamin E sowie Vitamin C, Selen und Zink. Durch die vielen enthaltenen Ballaststoffe hilft Mais bei der Verdauung. Zudem entwässert er und unterstützt die Nierenfunktion.

HIRSE

Wer mich kennt, weiß, dass ich Hirse liebe. Ich kann mir zum Frühstück nichts Besseres als einen warmen Hirsebrei, gekocht mit Kokos- oder Mandelmilch, vorstellen. Zu meinem Vorteil – Hirse ist ein so genanntes „Beauty Food". Kein Wunder also, dass auch in diesem Buch Hirse vorkommt: Meine Hirse-Pizza findest du auf S. 87.

Doch Hirse ist nicht nur ein Schönheitselixier, sondern dank des hohen Anteils an Mineralstoffen und Spurenelementen auch sehr gesund. Das in Hirse enthaltene Silizium lässt unsere Haut erstrahlen, erhält unsere Fingernägel und Haare robust und gesund. Außerdem ist es gut für das Bindegewebe und trägt gemeinsam mit Calcium dazu bei, dass unsere Knochen und Gelenke gesund bleiben. Silizium ist auch ein wichtiger Baustoff für die Knorpelmasse und es enthält ein Spurenelement, das eine entzündungshemmende Wirkung hat. Darüber hinaus stecken in Hirse die Vitamine E, A und verschiedene B-Vitamine.

MEINE LIEBSTEN PIZZA-TOPPINGS

Frische Kräuter und knackiger Salat, aber auch Toppings wie schwarzer Sesam werten jede Pizza auf und geben ihr das besondere Etwas. Sie sind ebenso einfach einzusetzen wie wirkungsvoll. Und das Beste daran: Die kleinen, feinen Zutaten zum Drüberstreuen schmecken nicht nur köstlich, sie sind auch wahre Gesundheits-Booster. In der LCF-Küche haben sie einen festen Platz und für meine Pizzen sind sie unentbehrlich.

RUCOLA

Rucola eignet sich ideal, um Gerichten wie Pizza oder Salaten den letzten Schliff zu geben. Die in ihm enthaltenen Senföle geben ihm seinen intensiven Geschmack. Zudem haben sie eine heilsame Wirkung im Körper. Rucola enthält sehr viele Vitamine der B-Gruppe und Folsäure. Er ist reich an Antioxidantien und an sekundären Pflanzenstoffen. All diese Inhaltsstoffe verleihen dem Rucola eine antibakterielle und immunsteigernde Wirkung.

Wie jeder Salat verliert auch Rucola bei längerer Lagerung im Kühlschrank seine wertvollen Inhaltsstoffe und büßt auch geschmacklich ein. Deshalb sollte er nur maximal zwei Tage im Gemüsefach des Kühlschranks lagern. Die Stiele ganz lassen, die braunen Stellen abschneiden und bereits gelb gewordene Blätter entfernen. Anschließend in kaltem Wasser waschen, trockenschütteln und in ein verschließbares Plastikgefäß geben.

SPINAT

Spinat ist sehr gesund, kalorienarm und reich an Vitaminen und Mineralstoffen. In größeren Mengen sind Vitamin B, Betacarotin, Vitamin C und Folsäure enthalten. Zudem enthält Spinat die Mineralstoffe Phosphor, Kalium, Calcium, Magnesium und auch Eisen. Eine alte Volksweisheit besagt: „Spinat ersetzt die halbe Apotheke". Er stimuliert die Produktion der Magensäfte und wird somit zu einem schonenden Helfer der Verdauung.

Frischer Spinat ist nur sehr wenige Tage haltbar und sollte deshalb rasch verarbeitet werden. Im Gemüsefach des Kühlschranks – am besten in ein feuchtes

Tuch gewickelt – hält er sich etwa zwei Tage. Er eignet sich aber auch sehr gut zum Einfrieren, wenn man ihn kurz blanchiert und portionsweise tiefkühlt.

PETERSILIE

Durch den hohen Vitamin-C-Gehalt wirkt Petersilie sehr belebend und hilft gegen Müdigkeit. Außerdem ist sie sehr gut für unsere Niere und Blase. Sie wirkt appetitanregend und enthält die Vitamine A, B und C und die Mineralstoffe Kalium, Calcium und Eisen. Es gibt sie als krause und glatte Sorte. Die Blätter werden zwischen Mai und Oktober geerntet. Die Wurzel der Petersilie, die klassisch zum Suppengrün gehört und im Geschmack dem Sellerie ähnelt, wird im Spätherbst geerntet.

Wickelt man Petersilienstängel in ein feuchtes Tuch, halten sie problemlos mehrere Tage im Kühlschrank. Man sollte die Stängel auf keinen Fall in ein Glas mit Wasser stellen, da sie dann rasch faulen.

MINZE

Minze schmeckt sehr erfrischend und wirkt auf jedem Gericht sehr dekorativ – sie passt zu Frühstück, Dessert, Salat, Getränken und in viele Gerichte, die einen exotischen Touch haben. Minze ist dank der in ihr enthaltenen ätherischen Öle auch sehr gesund. Sie wirkt entspannend und belebend.

Minze hilft bei Magen-Darm-Problemen, da sie krampflösend und entblähend wirkt. Deshalb hilft sie bei Bauchkrämpfen, Übelkeit und allgemeinen Verdauungsproblemen. Sie wird auch gern bei Erkältungskrankheiten eingesetzt – am besten in Form von Tee. Bei Kopfschmerzen wirkt sie entspannend, bei Hautirritationen kühlend. Sie hat antibakterielle und antimikrobielle Wirkung und bekämpft schlechten Atem.

Minze kann man einige Tage kühl und feucht lagern. Entweder stellt man die Stängel in ein Wasserglas oder bewahrt sie eingeschlagen in einem feuchten Tuch im Gemüsefach des Kühlschranks auf. Wenn Minze im Plastikbeutel eingefroren wird, lösen sich beim Auftauen die einzelnen Blätter leicht.

BASILIKUM

Basilikum ist aus der italienischen Küche – und insbesondere von Pizza – kaum wegzudenken. Das aromatisch-duftige Kraut gibt italienischen Klassikern wie Pesto, Pasta oder Pizza nicht nur einen feinen, unverwechselbaren Geschmack, sondern ist auch eine wertvolle Heilpflanze. Basilikum beruhigt den Magen, lindert Entzündungen und hilft, Stress abzubauen. Das Kraut ist reich an Vitamin K, Calcium, Eisen und Betacarotin.

THYMIAN

Neben Basilikum und Rosmarin zählt Thymian zu den Klassikern unter den mediterranen Kräutern. Ich mag sein feinwürziges, leicht bitter-süßes Aroma, das Speisen eine harmonische Geschmacksnote verleiht. Thymian ist sehr gesund, verdauungsfördernd, er wirkt beruhigend, pilztötend, anregend und desinfizierend. Insbesondere bei Husten, Schnupfen und Heiserkeit wird er gerne eingesetzt, da er schleimlösend, antibakteriell und antibiotisch wirkt.

ROSMARIN

Aus der mediterranen Küche ist Rosmarin nicht wegzudenken. Ich mag ihn besonders auf rustikalen Pizzen. Rosmarin wird gerne bei der Behandlung von niedrigem Blutdruck verwendet und er ist sehr hilfreich bei Magen-Darm-Beschwerden. Insbesondere bei Appetitlosigkeit und Verdauungsproblemen kann Rosmarin helfen.

SCHWARZER SESAM

Schwarzer Sesam, die Urform des Sesams, macht optisch richtig viel her, lässt sich dank seines milden Geschmacks vielseitig einsetzen und ist sehr gesund. Ich nutze ihn gern zum Bestreuen von Pizza. Er enthält viel Calcium, das Knochen und Zähne stärkt, sowie essentielle Aminosäuren, Vitamin A, B-Vitamine, Zink, Selen, Eisen und Lezithin.

Aufbewahren kann man schwarzen Sesam am besten im Kühlschrank. Vor der Verwendung sollte man ihn kurz mörsern.

SPROSSEN & KRESSE

Sprossen sind eine vielleicht etwas ungewohnte, aber tolle Möglichkeit, Pizza einen würzigen Frischekick zu geben – probiere es einfach aus. Ob Radieschen-, Brokkoli-, Linsen- oder Kichererbsensprossen: Sprossen jeder Art sind Vitalnahrung pur. Beim Keimen erhöht sich der Vitamin- und Mineralstoffgehalt um ein Vielfaches, sobald die Pflanzensamen mit Wasser und Licht in Berührung kommen.

Geerntete Sprossen sollten im Kühlschrank aufbewahrt werden, idealerweise in einem 0-°C-Fach. Wer kein solches Fach hat, legt Sprossen am besten an die kälteste Stelle im Kühlschrank (unten hinten). Für wachsende Keimlinge, die man bei Zimmertemperatur in der Schale züchtet, wie beispielsweise Kresse, ist wichtig, dass sie regelmäßig etwas gegossen werden und nicht austrocknen.

Breakfast Pizza

Das Pizza-Grundprinzip „Teig plus
Belag" eignet sich perfekt für gesunden
Genuss, der Kraft für den Tag gibt.

KURKUMA-PANCAKE-PIZZA
MIT ERDBEEREN
& GRIECHISCHEM JOGHURT

Pizza zum Frühstück? Das funktioniert gut, wenn das Pizzatypische die Form ist und der Belag der Tageszeit angepasst wird. Statt mit Tomatensauce habe ich den Teig mit Joghurt bestrichen, statt Käse Granola und statt Tomaten Erdbeeren verwendet. Kurkuma verleiht das gewisse Etwas und boostet unser Immunsystem.

 ZZ: 20 MINUTEN

SF: 20 MINUTEN

ZUTATEN FÜR 2 PERSONEN:

FÜR DEN TEIG:

50 g Reismehl

80 g Buchweizenmehl

2 TL Backpulver

1 TL Kurkuma

½ TL Salz

2 EL Kokosblütenzucker

240 ml Mandelmilch

1 Ei

2 EL Kokosöl

TOPPING:

1 Handvoll Erdbeeren

1 Passionsfrucht

1 Becher griechischer Joghurt

etwas Granola und/oder geröstete Mandeln

1. Reis- und Buchweizenmehl mit Backpulver, Kurkuma, Salz und Kokosblütenzucker vermengen. Mandelmilch und Ei unterrühren und alles gut vermengen.

2. Kokosöl in einer Pfanne erhitzen und Teig portionsweise braten.

3. Erdbeeren in Scheiben schneiden. Fleisch der Passionsfrucht mit einem Löffel herauskratzen. Pancakes mit Joghurt bestreichen und mit Passionsfrucht, Erdbeeren und Granola und/oder gerösteten Mandeln garniert servieren.

MACH'S NOCH LEICHTER

Naturjoghurt statt griechischem Joghurt verwenden

VEG

Glutenfrei *bei Verwendung von glutenfreiem Backpulver*

Laktosefreie Variante: *statt griechischem Joghurt Kokoscreme verwenden.*

TEX-MEX-FRÜHSTÜCKSPIZZA
MIT RÜHREI

Was in Mexiko alltäglich ist, mag für uns auf den ersten Blick etwas ausgefallen klingen, ist aber unglaublich lecker. Die Rede ist von Tacos zum Frühstück. Tacos sind auch meine persönlichen Street-Food-Favoriten. Dass sie glutenfrei sind, ist für mich besonders praktisch.

 ZZ: 25 MINUTEN

 SF: 25 MINUTEN

ZUTATEN FÜR 2 PERSONEN:

150 g Kirschtomaten

1 Avocado

Saft einer Limette

2 Frühlingszwiebeln

½ Bund Koriander

2 EL schwarzer Sesam

4 Eier

Salz, Pfeffer

1 EL Butter

4 Mais-Tacos

½ TL Chiliflocken

1 Schuss Tabasco-Sauce
nach Belieben

2 TL Olivenöl nach Belieben

1. Kirschtomaten waschen und vierteln. Avocado entkernen, schälen und in Scheiben schneiden. Mit der Hälfte des Limettensafts beträufeln. Frühlingszwiebeln waschen und in feine Scheiben schneiden. Koriander waschen, Blätter abzupfen und fein hacken. Sesam in einer Pfanne ohne Fett rösten.

2. Für das Rührei die Eier in eine Schüssel schlagen und mit Salz sowie Pfeffer würzen. Mit einer Gabel verschlagen.

3. In einer Pfanne (oder in 2 kleinen dekorativen Pfannen) Butter erhitzen und die verschlagenen Eier hineingießen. Die leicht gestockte Masse mit einer Gabel immer wieder von allen Seiten vorsichtig zur Mitte ziehen, bis die Eier schön cremig sind.

4. Tacos in einer Pfanne ohne Fett auf beiden Seiten kurz erhitzen. Rührei mit Kirschtomaten und Avocadoscheiben darauf verteilen. Sesam, Chiliflocken, Koriander und Frühlingszwiebeln darauf verteilen. Mit restlichem Limettensaft und nach Belieben mit etwas Tabasco-Sauce und/oder Olivenöl beträufeln.

GF

VEG

HAFERFLOCKEN-APFEL-LEINSAMEN-PIZZA MIT FRISCHEN BEEREN

Früher habe ich mich oft geärgert, dass ich mein geliebtes Porridge nicht auf dem morgendlichen Weg zur U-Bahn essen kann. Für unterwegs eignen sich ja meistens nur Brötchen vom Bäcker. Dann habe ich die Lösung gefunden – Porridge in gebackener Form! So kann ich es auch nach und nach verzehren, am Vorabend backen und am Morgen mitnehmen.

 ZZ: 25 MINUTEN

SF: 45 MINUTEN

ZUTATEN FÜR 2 PERSONEN:

FÜR DEN TEIG:

2 Äpfel (ca. 300 g)

200 g Haferflocken

2 EL Leinsamen, geschrotet

2 EL Kokosblütenzucker

1 Prise Salz

FÜR DEN BELAG:

150 g Himbeeren

Beeren, z.B. Himbeeren, Heidel- und Brombeeren, für die Deko

1 Banane

2 EL schwarzer Sesam

100 g griechischer Joghurt

Abrieb einer halben unbehandelten Zitrone

1 EL Kokosflakes

1. Äpfel schälen, achteln und Kerngehäuse entfernen. Äpfel mit 200 ml Wasser in einem Topf erhitzen und ca. 6 Minuten einkochen lassen, bis die Apfelstücke weich sind. Wasser abgießen und Apfelstücke mit einem Pürierstab zu Mus verarbeiten.

2. Haferflocken in einem Mixer oder in einer Küchenmaschine zu Mehl verarbeiten. Leinsamen mit 6 EL Wasser vermengen. Das Ganze etwas quellen lassen. Backofen auf 175 °C Ober-/Unterhitze (165 °C Umluft) vorheizen.

3. Haferflockenmehl mit Apfelmus und Leinsamen vermengen und mit den Händen zu einem Teig verkneten. Bei Bedarf etwas Wasser hinzugeben, falls der Teig zu klebrig wird. Teig auf einem mit Backpapier belegten Blech zu einem Kreis ausstreichen. Im Ofen ca. 20 Minuten auf der mittleren Schiene goldbraun backen.

4. In der Zwischenzeit Himbeeren mit einem Pürierstab zu Mus pürieren. Beeren waschen, Bananen schälen und in Scheiben schneiden. Sesam rösten.

5. Teig aus dem Ofen nehmen und mit dem Himbeermus einstreichen. Mit Beeren, Bananen, griechischem Joghurt, schwarzem Sesam, Zitronenschale und Kokosflakes dekoriert servieren.

Tipp: Zu dieser Pizza passen Blütenpollen sehr gut. Pollen gehören zum absoluten Superfood, sie sind reich an Vitaminen, Mineralstoffen und Antioxidantien. Sie machen uns leistungsfähiger, bekämpfen hohe Cholesterinwerte, helfen bei Stress, stärken unsere Konzentrationsfähigkeit und fördern unsere Gesundheit.

To go: Lässt sich gut mitnehmen, ideal auch als Power-Snack im Job.

Saisonal: Statt frischen Beeren TK-Beeren, Trauben oder in Scheiben geschnittene Äpfel verwenden.

 VEG

Glutenfrei *bei Verwendung von zertifizierten glutenfreien Haferflocken*

RÜHREI-FRÜHSTÜCKS-PIZZA

Wieso immer Brot zum Rührei? Ein knuspriger Pizzateig aus Buchweizen passt genauso und ist eine tolle Abwechslung. Ich mag besonders die Kombination der cremigen, weichen Eiermasse mit dem knusprigen Teig und das nussig-süß schmeckende Kürbiskernöl als Veredelung.

 ZZ: 40 MINUTEN
(+ 45 MINUTEN GEHZEIT)

SF: 1 H 15 MINUTEN

ZUTATEN FÜR 2 PERSONEN:
GRUNDTEIG FLAMMKUCHEN
(s. S. 159)

EIERSPEISE:

150 g bunte Cocktailtomaten

2 Frühlingszwiebeln

4 Eier

Salz, Pfeffer

1 EL Butter

1 Handvoll Radieschensprossen

150 g Feta

Kernöl zum Beträufeln

1. Teig nach Grundrezept zubereiten und oval auf einem mit Backpapier belegten Blech auswalken. Im vorgeheizten Ofen ca. 10–15 Minuten backen.

2. Cocktailtomaten waschen und halbieren. Frühlingszwiebeln waschen und in feine Scheiben schneiden.

3. Für das Rührei die Eier in eine Schüssel schlagen und mit Salz sowie Pfeffer würzen. Mit einer Gabel verquirlen. In einer Pfanne Butter erhitzen und die verschlagenen Eier hineingießen. Die leicht gestockte Masse mit einer Gabel immer wieder von allen Seiten vorsichtig zur Mitte ziehen, bis die Eier schön cremig sind.

4. Teig aus dem Ofen nehmen. Rührei gleichmäßig darauf verteilen und Cocktailtomaten, Frühlingszwiebeln und Sprossen darüber verteilen. Feta mit der Hand darüber zerbröseln. Mit Salz und Pfeffer würzen und Kernöl darüber träufeln.

Tipp: Ein Hit für jedes Wochenend-Frühstück und wenn man Freunde zum Brunchen eingeladen hat!

 GF   **VEG**

GRANOLA-PIZZA MIT JOGHURT, NÜSSEN & FRISCHEN FRÜCHTEN

Der Teig ist außen knusprig, innen durch das Erdnussmus etwas weich. Dazu ein erfrischender Joghurt mit vielen vitaminreichen Früchten – ideal, um genussreich und gestärkt in den Tag zu starten!

 ZZ: 15 MINUTEN

SF: 30 MINUTEN

ZUTATEN FÜR 2 PERSONEN:

1 EL Leinsamen

3 EL Apfelmus

60 ml plus 1 EL Honig oder Ahornsirup

65 g Mandeln

300 g rote Quinoa

150 g Haferflocken

2 EL Chiasamen

2 EL Leinsamen, nicht geschrotet

40 g Sonnenblumenkerne

1 Prise Salz

2 TL Kokosöl

30 g Kokosraspeln

250 g Erdnussbutter

½ TL Zimt

50 g Gojibeeren

TOPPING:

frische Früchte, z.B. Kiwi, Mango, Erdbeeren, Brombeeren, Himbeeren, Bananen, Heidelbeeren und Trauben

400 g griechischer Joghurt

Minze

1. Backofen auf 180 °C Ober-/Unterhitze (160 °C Umluft) vorheizen. Ein Backblech mit Backpapier auslegen. Leinsamen mit 3 EL Wasser anrühren und quellen lassen. Apfelmus und 1 EL Honig oder Ahornsirup hinzugeben und alles gut vermengen.

2. Mandeln hacken. In einer großen Schüssel alle Zutaten vermengen und gut vermischen. Mischung gleichmäßig 2 cm dick und rund auf einem mit Backpapier belegtem Blech ausstreichen und im Ofen 15 Minuten goldbraun backen.

3. In der Zwischenzeit Früchte klein schneiden. Granola aus dem Ofen nehmen und mit Joghurt bestreichen. Früchte und Minze dekorativ darauf verteilen.

 Saisonal: Früchte nach Saison verwenden.

MACH'S NOCH LEICHTER

Naturjoghurt statt griechischem Joghurt verwenden

VEG

Glutenfrei *bei Verwendung von zertifizierten glutenfreien Haferflocken und glutenfreiem Backpulver*

ZUCCHINI-CRUST-FRÜHSTÜCKS-PIZZA

Ich liebe spiralisierte Zucchini, denn sie sind so unglaublich vielfältig. Sie eignen sich als Nudeln und als Salat ebenso wie als Basis für einen meiner Pizzateige. Mit Gemüse und Spiegelei ist diese Pizza eine gesunde Variante für alle, die gern pikant frühstücken.

 ZZ: 20 MINUTEN

SF: 45 MINUTEN

ZUTATEN FÜR 2 PERSONEN:

TEIG:

650 g Zucchini

1 ½ TL Salz

1 Knoblauchzehe

⅓ Bund Basilikum

⅓ Bund Oregano

60 g Mozzarella

50 g glutenfreies Mehl

1 Ei

BELAG:

2 EL Tomatensauce (s. S. 161)

100 g bunte Kirschtomaten

4 Stangen grüner Spargel

1 EL Olivenöl

Salz, Pfeffer

2 Eier

2 EL geriebener Parmesan

einige Basilikumblätter

1. Backofen auf 180 °C Umluft (200 °C Ober-/Unterhitze) vorheizen. Enden der Zucchini abschneiden und mit einem Spiralschneider durch Drehbewegung oder mit einem Julienne-Schäler in dünne Streifen schneiden. In eine Schüssel geben, mit 1 TL Salz würzen und ca. 10 Minuten ziehen lassen.

2. Zucchini mit der Hand ausdrücken, in ein Geschirrhandtuch geben und auswringen. Knoblauch schälen und fein hacken. Basilikum fein hacken. Oreganoblätter abzupfen.

3. Mozzarella reiben. Mit Mehl, Knoblauch, Oregano, Basilikum, Eiern und restlichem Salz zu den Zucchini geben und alles gut vermengen.

4. Masse rund auf ein mit Backpapier belegtes Blech verteilen und im vorgeheizten Ofen auf der mittleren Schiene ca. 8–10 Minuten braun backen.

5. In der Zwischenzeit Sauce laut Grundrezept zubereiten. Kirschtomaten halbieren. Enden der Spargel abschneiden und Spargel quer halbieren. Beides in einer Schüssel mit Olivenöl und Salz marinieren.

6. Pizza aus dem Ofen nehmen. Mit Tomatensauce bestreichen, Spargel und Kirschtomaten darauf verteilen. Hitze im Ofen um 40 °C reduzieren und die Pizza nochmals für ca. 8 Minuten backen. Aus dem Ofen nehmen und 2 Eier vorsichtig darüber aufschlagen. Etwas Parmesan darüber verteilen und weitere 4 Minuten backen.

7. Aus dem Ofen nehmen und mit restlichem Parmesan und Basilikum dekoriert servieren.

Tipp: Mit Räucherlachs oder Prosciutto verfeinern.

Saisonal: Statt Spargel passen auch Frühlingszwiebeln oder Brokkoli.

 GF VEG

SPINAT-WAFFEL-FRÜHSTÜCKSPIZZA MIT GRÜNER CASHEWCREME UND FEIGEN

Mit dieser Waffel-Pizza startest du ebenso köstlich wie gesund in den Tag. Die feine Cashewcreme und die Feigen lassen sie zu einem wahren Frühstücks-Gaumenschmaus werden.

ZZ: 30 MINUTEN

SF: 30 MINUTEN

ZUTATEN FÜR 2 PERSONEN:

FÜR DEN TEIG:

3 Eiweiß

1 Handvoll Spinat

200 g Haferflocken

1 Ei

50 g Magerquark

1 Prise Salz

4 EL Mandelmilch

50–100 ml Mineralwasser mit Kohlensäure

Kokosöl oder Butter für das Eisen

CREME:

1 Handvoll Spinat

50 g Cashewkerne (am besten für 4 h eingeweicht)

1 TL Ahornsirup

DEKO:

2 Feigen

essbare Blüten

1. Eiweiß steif schlagen und kurz auf die Seite geben. Spinat waschen, trockenschütteln und in einem Mixer mixen. Mit Haferflocken, Ei, Magerquark, Salz, Mandelmilch und Mineralwasser vermengen. Eischnee unterheben.

2. Ein Waffeleisen mit Kokosöl oder Butter auspinseln und nach und nach aus dem Teig Waffeln backen.

3. Für die Creme Spinat waschen, trockenschütteln und mit Cashewkernen und Ahornsirup mit einem Pürierstab pürieren.

4. Feigen in Scheiben schneiden. Waffeln auf Teller legen, mit der Cashew-Spinat-Creme einstreichen, Feigen und essbare Blüten dekorativ darauflegen und servieren.

Tipps: Für eine herzhafte Variante mit Hummus und Kirschtomaten belegen. Man kann den Teig auch in der Pfanne als Pancakes zubereiten.

To go: Lässt sich gut mitnehmen (Waffeln und Creme sowie Feigen getrennt verpacken).

Saisonal: Statt Feigen Früchte der Saison verwenden.

Glutenfrei *bei Verwendung von zertifizierten glutenfreien Haferflocken*

VEG

LIFE CHANGING FOOD

Ich habe immer schon gern gegessen – für mich ist Essen die schönste notwendige Sache der Welt. Meine Zöliakie (Glutenunverträglichkeit) hat mich dazu gebracht, mich zusätzlich zum Genuss intensiv mit einem anderen Aspekt des Essens zu beschäftigen: den Auswirkungen unserer Ernährung auf unsere Gesundheit und unser Wohlbefinden.

Die Rezepte für ebenso leckere wie gesunde Pizzen in diesem Buch basieren auf dem Life-Changing-Food-Prinzip, kurz auch LCF-Prinzip genannt. Dieses Ernährungsprinzip habe ich entwickelt, als ich auf der Suche war nach einem leicht anzuwendenden, ganzheitlichen Ernährungsprinzip, das Genuss und Wohlbefinden vereint. Mein Motto dabei: **Iss gut und fühl dich wohl!**

Als ich die Diagnose Zöliakie bekam, bedeutete das für mich, meinen geliebten Speisezettel komplett umzustellen. Was zuerst nach einem ziemlich dramatischen „Muss" aussah, hat sich nach recht kurzer Zeit zu etwas entwickelt, über das ich heute jeden Tag glücklich bin. Ich habe begonnen, mich intensiv mit der Wirkung von Lebensmitteln zu beschäftigen und schnell entdeckt, dass sich mir eine unglaublich vielfältige, neue und unbekannte Genusswelt auftat.

GENUSS UND WOHLBEFINDEN

Mein Wissen über die wohltuenden Wirkungen von Mahlzeiten habe ich im LCF-Prinzip zusammengefasst. Mein Ziel ist, Genuss mit Wohlbefinden zu verbinden. Alle Rezepte, die ich entwickele, beruhen darauf. Sie verwenden nährstoffreiche Lebensmittel, die ihren Namen als „Mittel des Lebens" verdienen. Nahrungsmittel mit schädlichen Inhaltsstoffen wie Geschmacksverstärker, Konservierungsmittel oder künstliche Zusätze meide ich.

Das bedeutet unter anderem, mit frischem Gemüse, Früchten, Hülsenfrüchten, Nüssen und Samen zu kochen. Diese Zutaten bringen viel Geschmack und Abwechslung auf den Tisch und sie versorgen unseren Körper optimal mit Vitaminen, Mineralstoffen, Eiweißen, Enzymen, essentiellen Fettsäuren und vielen anderen lebenswichtigen Nährstoffen. LCF bedeutet Nahrung für Körper und Seele gleichermaßen.

Du fragst dich, wie eine solche gesunde Ernährung und Pizza zusammenpassen? Ganz einfach! Man muss nur ein wenig kreativ sein und hochwertige und gesunde Alternativen zu den Zutaten finden, die Pizza in Verruf gebracht haben (geschmacksneutraler „Pseudo-Schinken", so genannter „Pizza-Käse", der außer Fett und Zusatzstoffen wenig zu bieten hat, salzige Wurst & Co). Dann gilt es, die besten Kombinationen auszuprobieren und dabei die Gesamtheit der jeweils verwendeten Zutaten im Blick zu behalten. So entstehen ausgewogene und leckere Mahlzeiten, die Genuss und positive Auswirkungen auf unsere Gesundheit optimal verbinden. Einen Überblick über die LCF-Lebensmittel, die für meine Pizza-Rezepte besonders wichtig sind, habe ich auf den S. 11–15 zusammengestellt.

ECHTE WOHLFÜHLNAHRUNG

Ich frage mich oft, warum wir in so vielen anderen Lebensbereichen gewöhnt sind, alles zu hinterfragen, aber kaum, wenn es um unsere Ernährung geht? Wir essen oft ohne darüber nachzudenken, was wir da eigentlich in unseren Körper befördern und was das mit uns – kurzfristig und langfristig – macht.

Wer anfängt, sich bewusst mit Ernährung und ihren Wirkungen auf unsere Gesundheit und unser Wohlbefinden zu beschäftigen, lernt schnell, Lebensmittel zu schätzen, die uns wirklich guttun. Die nicht nur kurzfristig einen Energie-Kick liefern wie viele Backwaren, Schokoriegel und andere zuckerhaltige Speisen, solche, auf die keine Heißhungerattacken folgen. Mahlzeiten, die uns langfristig Energie, Ausdauer und dadurch auch Freude und gute Stimmung schenken, gepaart mit vielen subtilen, aber deutlich spürbaren Auswirkungen, zum Beispiel auf unsere Ausstrahlung, auf den Zustand der Haut, der Fingernägel und der Haare.

DIE SIEBEN
LCF–GLÜCKSVERSPRECHEN

1. LCF SCHENKT DIR
MEHR ENERGIE
& AUSSTRAHLUNG

2. LCF STÄRKT DEIN
IMMUNSYSTEM UND SORGT
FÜR MEHR WOHLBEFINDEN

3. LCF MACHT DICH LEISTUNGSFÄHIGER

4. LCF VERSORGT DICH MIT ALLEN
WICHTIGEN NÄHRSTOFFEN

5. LCF IST VOLLER GESCHMACK
UND PURER GENUSS

6. LCF STEIGERT DEINE LIBIDO

7. LCF BRINGT DICH ZUM
WOHLFÜHLGEWICHT

Quick & easy

Leckeres, gesundes Essen kann
so einfach sein: wenig Arbeit,
viel Geschmack.

PITA-PIZZA

Die schnelle Pita-Pizza erinnert mich an meinen Urlaub in Marokko. Bei dieser Pizza musst du dich nicht um den Teig kümmern. Einfach das Lieblings-Pita mit den aromareichen Zutaten belegen. Der Belag mit Blumenkohl ist reich an Vitamin C und B und versorgt uns mit Folsäure und Kalium.

 ZZ: 25 MINUTEN

SF: 25 MINUTEN

ZUTATEN FÜR 2 PERSONEN:

½ Blumenkohl

200 g Kichererbsen aus der Dose

2 EL Olivenöl

1 EL Currypulver

1 Msp. Chilipulver

½ Granatapfel

½ Bund Koriander

2 Avocados

2 Knoblauchzehen

2 EL Olivenöl

Salz

1 TL Kreuzkümmel

Salz

4 Pita-Brötchen

ca. 70 g griechischer Joghurt

1. Backofen auf 200 °C Umluft (220 °C Ober-/Unterhitze) vorheizen. Blumenkohl in Röschen teilen. Kichererbsen abgießen. Blumenkohlröschen und Kichererbsen in einer Schüssel mit Olivenöl, Currypulver und Chilipulver marinieren. Beides mit der Marinade auf einem mit Backpapier belegten Blech verteilen und im vorgeheizten Ofen 15–20 Minuten rösten.

2. In der Zwischenzeit Granatapfel halbieren und Kerne auslösen. Koriander waschen, trockenschütteln und klein hacken. Avocados halbieren, entkernen und Fruchtfleisch mit einem Löffel herauslösen. Knoblauch schälen. Beides mit Olivenöl, Koriander (ein bisschen für die Deko auf die Seite geben), Salz und Kreuzkümmel mit einem Pürierstab fein pürieren.

3. Pita-Brötchen toasten oder im Ofen anrösten und mit der Avocado-Creme bestreichen. Geröstete Kichererbsen und Blumenkohlröschen sowie Granatapfelkerne darauf verteilen. Mit dem restlichen Koriander und Joghurt garniert servieren.

To go: Lässt sich gut mitnehmen oder auch in der Mittagspause zubereiten.

 VEG **Laktosefreie und vegane Variante:**
Joghurt weglassen, vegane Brötchen verwenden

QUINOA-PIZZA
MIT TOMATEN
UND BÜFFELMOZZARELLA

Gute Qualität bei den Lebensmitteln ist meiner Meinung nach das A und O beim Kochen. Wenn die Qualität stimmt, dann braucht man nur wenige Zutaten – wie bei dieser schnellen Quinoa-Pizza mit bestem Büffelmozzarella und einer herrlichen Tomatensauce.

 ZZ: 15 MINUTEN
(+ 6 H EINWEICHZEIT)

SF: 25 MINUTEN

ZUTATEN FÜR 2 PERSONEN:

GRUNDREZEPT QUINOATEIG
(s. S. 156)

3 EL TOMATENSAUCE
(s. S. 161)

BELAG:

100 g bunte Kirschtomaten

50 g Kalamata-Oliven

125 g Büffelmozzarella

1 Handvoll Rucola

1 Handvoll Basilikum

Meersalz

1 Schuss Olivenöl

1. Quinoateig laut Grundrezept zubereiten. 5–10 Minuten vor Backende aus dem Ofen nehmen und mit der Tomatensauce einstreichen.

2. Kirschtomaten waschen, halbieren und mit den Oliven auf der Pizza verteilen. Pizza zurück in den Ofen schieben und ca. 10 Minuten weiterbacken.

3. Büffelmozzarella in Stücke reißen. Pizza aus dem Ofen nehmen und mit Mozzarella, Rucola und Basilikum belegen. Mit Meersalz würzen, Olivenöl darüber träufeln und servieren.

Tipp: Schmeckt auch mit Prosciutto sehr gut.

Glutenfrei *bei Verwendung von glutenfreiem Backpulver*

GEFÜLLTE ZUCCHINI

Pizza muss nicht unbedingt einen Teig aus Getreide haben. Auch Gemüse eignet sich wunderbar als Grundlage – das macht noch dazu weniger Arbeit und ist im Handumdrehen zubereitet. Zudem versorgen uns Zucchini mit vielen Vitaminen, z.B. Vitamin C, das vor Krankheiten schützt.

 ZZ: 20 MINUTEN

SF: 55 MINUTEN

ZUTATEN FÜR 2 PERSONEN:

1 Knoblauchzehe

½ Lauchstange

150 g Kirschtomaten

1 Spitzpaprika

100 g Schafskäse

2 Zucchini

3 EL Olivenöl

1 EL Kräuter der Provence

Salz, Pfeffer

120 g saure Sahne

DEKO:

Rucola

Parmesanhobel

1. Backofen auf 180 °C Umluft (200 °C Ober-/Unterhitze) vorheizen. In der Zwischenzeit Knoblauch schälen und fein hacken. Lauch längs halbieren und in feine Scheiben schneiden. Stielansatz der Tomaten keilförmig herausschneiden und Tomaten fein würfeln. Spitzpaprika längs halbieren, entkernen und in ca. 0,5 cm große Würfel schneiden. Schafskäse würfeln.

2. Zucchini halbieren und mit einem Löffel das Kerngehäuse aushöhlen. Entferntes Fruchtfleisch klein schneiden. 2 EL Öl in einer Pfanne erhitzen und Zucchini-Fruchtfleisch, Lauch, Knoblauch, Spitzpaprika und Tomaten dazugeben. Mit Kräutern der Provence, Salz und Pfeffer würzen.

3. Gemüse unter Zugabe von ca. 125 ml Wasser ca. 5 Minuten bei mittlerer Hitze köcheln. Anschließend Temperatur verringern und 2 EL saure Sahne hinzugeben.

4. Zucchinihälften rundum mit dem restlichen Olivenöl einpinseln, etwas salzen und in eine Auflaufform geben. Restliche saure Sahne in die Zucchini füllen, mit dem Pfannengemüse bedecken und mit Schafskäse bestreuen. Für ca. 30–40 Minuten in den vorgeheizten Ofen geben und goldbraun backen.

5. Auf Tellern anrichten, mit Rucola und Parmesan garniert servieren.

Tipp: Schmeckt mit rotem Pesto und Oliven besonders lecker.

GF VEG

INDIAN STYLE PIZZA
MIT HÜHNCHENBRUSTSTREIFEN
& MANGO-AVOCADO-WÜRFELN

Kleiner Ausflug nach Indien gefällig? Zumindest auf dem Teller! Dafür kann ich dir diese Pizza wärmstens empfehlen. Da du den Teig nicht selber zubereiten musst, ist sie superschnell fertig. Statt Fladenbrot schmeckt auch eine etwas leichtere und vollwertige Alternative, z.B. Vollkorneis, köstlich.

 ZZ: 25 MINUTEN

SF: 25 MINUTEN

ZUTATEN FÜR 2 PERSONEN:

150 g Hühnerbrustfilet

1 EL Masala
(indische Gewürzmischung)

2 EL Olivenöl

½ Granatapfel

1 Avocado

½ Limette

½ Mango

½ rote Zwiebel

1 Handvoll Baby-Spinatblätter

1 Fladenbrot oder
2 Vollkorn-Weizentortillas

1 EL Rapsöl

150 g Naturjoghurt

einige Blätter Minze

Salz, Pfeffer

1. Backofen auf 220 °C Ober-/Unterhitze (200 °C Umluft) vorheizen. Hühnchenfilet waschen und trockentupfen. In mundgerechte Stücke schneiden und in einer Schüssel mit Masala und Olivenöl für ca. 10 Minuten marinieren.

2. In der Zwischenzeit Granatapfel halbieren und entkernen. Avocado halbieren, Stein entfernen, Fruchtfleisch schälen und in ca. 1 cm große Würfel schneiden. Mit etwas Limettensaft beträufeln. Mango schälen und in Würfel schneiden.

3. Zwiebel schälen und in feine Ringe schneiden. Spinat waschen und trockenschütteln. Fladenbrot längs in der Hälfte auseinanderschneiden und im vorgeheizten Ofen goldbraun backen (oder Tortillas in etwas Alufolie wickeln und im Ofen erwärmen).

4. Rapsöl in einer Pfanne erhitzen und Fleisch darin für ca. 10 Minuten rundum goldbraun anbraten.

5. Fladenbrot oder Tortillas aus dem Ofen nehmen, Spinat darauf verteilen, Naturjoghurt daraufgeben und mit Hühnchenfleisch, Avocadowürfeln, Granatapfelkernen, Zwiebelscheiben und Mangowürfeln belegen. Mit Minze garnieren, mit Salz und Pfeffer abschmecken.

Tipp: Mit Mango-Chutney servieren.

Vegetarische Variante: *150 g Naturtofu in Würfel schneiden und mit 1 EL Masala und Olivenöl für ca. 10 Minuten marinieren. Rapsöl in einer Pfanne erhitzen und Tofu darin rundum scharf anbraten.*

Glutenfreie Variante:
Mais-Tortillas verwenden

GEFÜLLTE AUBERGINEN

Auberginen stehen für Sommer, Sonne und Süden. Im Mittelmeerraum sind sie kaum wegzudenken, im französischen Ratatouille ohnehin nicht, in Griechenland sind sie eine beliebte Zutat für Moussaka. Und bei mir? Ich habe sie als Grundlage für Pizza entdeckt: schnell zubereitet, sehr aromaintensiv und reich an Mineralstoffen.

 ZZ: 25 MINUTEN

 SF: 35 MINUTEN

ZUTATEN FÜR 2 PERSONEN:

2 Auberginen

1 Zwiebel

1 Knoblauchzehe

2-3 EL Olivenöl

1 EL Honig oder Kokosblütenzucker

1 Schuss Balsamicoessig

1 Dose stückige Tomaten

180 g Kirschtomaten

2 Frühlingszwiebeln

1 EL Macadamianüsse

Salz, Pfeffer

1 EL Sesamsamen

1 Msp. Kreuzkümmel

abgeriebene Schale von einer halben unbehandelten Zitrone

10 Artischockenherzen aus der Dose

40 g Parmesan

DEKO:

Basilikum und Rucola

1. Backofen auf 175 °C Umluft (195 °C Ober-/Unterhitze) vorheizen. Auberginen waschen und längs halbieren, mit einem Esslöffel das Fruchtfleisch etwas ausschaben. Zwiebel und Knoblauch schälen und fein hacken. 1 EL Öl in einer Pfanne erhitzen und Zwiebel darin andünsten, Knoblauch hinzufügen und kurz mitdünsten. Honig bzw. Kokosblütenzucker darüber streuen, etwas karamellisieren lassen und mit Balsamicoessig ablöschen.

2. Tomaten aus der Dose hinzugeben und das Ganze bei mittlerer Hitze köcheln lassen.

3. Kirschtomaten waschen und halbieren. Frühlingszwiebeln waschen, längs halbieren und in feine Halbringe schneiden. Tomatensauce mit einem Pürierstab pürieren und mit Salz und Pfeffer würzen.

4. Macadamianüsse und Sesamsamen in einer Pfanne ohne Fett unter Rühren rösten. Kurz abkühlen lassen und im Blitzhacker oder mit dem Pürierstab grob zerkleinern und herausnehmen. Mit Kreuzkümmel und Zitronenschalen vermengen und leicht salzen.

5. Auberginen auf ein mit Backpapier belegtes Blech legen, mit dem restlichen Olivenöl einpinseln. Nussbrösel in die Auberginen geben, Tomatensauce darauf geben und Kirschtomaten, Frühlingszwiebeln sowie Artischocken darauf verteilen.

6. Auberginen in den vorgeheizten Ofen geben und ca. 10 Minuten backen. Auberginen aus dem Ofen nehmen, Parmesan in Scheiben schneiden und die Auberginen mit Parmesan, Basilikum und Rucola garniert servieren. Nach Belieben mit Salz und Pfeffer würzen.

 To go: Für eine schnellere Variante, die sich auch in der Mittagspause zubereiten lässt, Brösel-Mischung weglassen und dafür etwas kräftiger salzen.

GF LF VG

PORTOBELLO-PIZZA
MIT BÜFFELMOZZARELLA

Ja, auch Pilze lassen sich wie Pizza belegen – wenn sie so groß sind wie die Portobello-Pilze. Portobello zählen zu den Champignons. Ihren köstlichen Geschmack entfalten sie beim Braten und Grillen, die Kombination mit Büffelmozzarella finde ich unschlagbar.

 ZZ: 10 MINUTEN

SF: 20 MINUTEN

ZUTATEN FÜR 2 PERSONEN:

125 g Büffelmozzarella

4 Portobello-Pilze

Olivenöl zum Einpinseln

150 g bunte Kirschtomaten

1 Avocado

½ Bund Basilikum

Salz, Pfeffer

einige Spritzer Crema con Aceto Balsamico

1. Backofen auf 180 °C Umluft (200 °C Ober-/Unterhitze) vorheizen. Büffelmozzarella in Stücke zerteilen, auf die Portobello-Pilze geben und die Pilze auf ein mit Backpapier belegtes Blech setzen. Mit Olivenöl einpinseln und für ca. 10–15 Minuten im Ofen braten, bis der Mozzarella geschmolzen ist.

2. In der Zwischenzeit Kirschtomaten halbieren. Avocado schälen, entkernen und in Scheiben schneiden.

3. Portobello-Pilze aus dem Ofen nehmen und mit Avocadoscheiben, Kirschtomaten und Basilikum belegen. Mit Salz und Pfeffer würzen und mit Crema con Aceto Balsamico beträufelt servieren.

To go: Das schnellste Rezept in diesem Buch, lässt sich auch in der Mittagspause zubereiten.

GF   VEG

EINFACH AUSPROBIEREN

*„Creativity is the way
I share my soul with the world."*

BRENÉ BROWN

Die US-amerikanische Autorin Brené Brown ist eines meiner großen Vorbilder. Sie schreibt psychologische Schriften zur Lebensführung, über Mut, Unvollkommenheit und Verletzlichkeit. Ihr Spruch über Kreativität sagt sehr gut aus, wie ich empfinde.

Kochen ist für mich ein kreatives Handwerk. Oft kreiere ich Rezepte vorwiegend nach dem Aussehen: Ich stelle mir die Farben der Zutaten gedanklich vor und mache dann eine Skizze des Gerichts. Mit meinem Blog, mit meinen Texten, meinen Rezepten und meinen Fotos möchte ich meine Kreativität mit der Außenwelt, mit euch, teilen. Das Wort Kreativität hat seinen Ursprung im Lateinischen „creare", was nichts anderes als gebären, schaffen bzw. erschaffen heißt. Wenn man diesen Begriff ins Deutsche übersetzt, kommt man zu der Formulierung „schöpferische Fähigkeit" bzw. „schöpferisches Denken".

Wer kocht und immer wieder neue Speisen probiert, weiß irgendwann recht genau, welche Kombinationen gut miteinander harmonieren. Die Arbeit an diesem Kochbuch hat mir unglaublich viel Spaß gemacht, weil sie meine kreative Ader so richtig aufblühen hat lassen. Einerseits war es mir wichtig, so viele neue und ausgefallene Pizzaböden wie möglich zu kreieren und andererseits die typischen Belagsvarianten durch neue, bunte und nährstoffreiche Zutaten zu ersetzen bzw. zu ergänzen.

Wenn man das Bekannte und Gewohnte hinter sich lässt, kommen einem die kreativsten Ideen, aus welchen Zutaten man Pizza machen kann. Pizza aus Wassermelone, aus Zucchini, aus Reisnudeln, aus Pilzen usw. schmeckt fantastisch und ist obendrein sehr gesund!

PIZZA AUF REISEN

Den Ideen und der Ausprobierlaune sind keine Grenzen gesetzt. Vor allem Reisen haben mich inspiriert, umzudenken und landestypische Pizzakreationen zu entwickeln. So ist zum Beispiel einer meiner Favoriten im Buch entstanden – die Hawaiianische Pizza, die du auf S. 114 findest

In Hawaii hab ich fast täglich eine sogenannte Poke Bowl gegessen: Reis in einer Schüssel mit einem rohen Fischsalat. Das Rezept für diese Köstlichkeit wollte ich unbedingt in meinem neuen Kochbuch mit euch teilen und so kam mir die Idee, Reis als Teigbasis für Pizza zu verwenden und rohen Fischsalat als Belag.

Auf diese Weise kann man bei der Kreation von neuen Rezepten immer vorgehen: Altbewährtes neu interpretieren und ausprobieren. Ich liebe es auch, Pizza nach Farben zu garnieren – je bunter, umso schöner und nährstoffreicher. Das Tolle an Pizza ist ja, dass jeder eine Ecke bzw. ein Stück mit seinen Lieblingszutaten belegen kann.

GLÜCKLICHE ZUFÄLLE

„Leben ist das, was passiert,
während du dabei bist,
Pläne zu schmieden."

JOHN LENNON

Ein Thema, das mich während der Arbeit an diesem Buch sehr beschäftigt hat, ist Serendipität. Dieser Ausdruck beschreibt, vereinfacht gesagt, zufällige Entdeckungen, die wir machen, während wir eigentlich auf der Suche nach etwas anderem sind.

Für mich passt diese Idee wunderbar zum kreativen Prozess des Kochens. Wenn ich neue Rezepte ausprobiere, kommt es immer auf die Mischung aus Konzept und Offenheit an. Bei den Rezepten für dieses Buch habe ich das besonders deutlich erlebt: Das Grundkonzept – einen Boden mit leckerem Belag zu kombinieren – habe ich beibehalten, aber durch viele neue, gesunde Varianten mit ungewöhnlichen Böden und Belagsideen abgewandelt. Dabei auf die richtigen, köstlichen Ideen zu kommen ist für mich gelebte Serendipität. Wenn mir dann eine Zutatenkombination gut gelingt und ein neues Rezept entsteht, ist das für mich das größte Glück.

Natürlich reicht es nicht, einfach auf den glücklichen Zufall zu warten. Das Entscheidende ist, bewusst wahrzunehmen, sich Unerwartetem zu öffnen und bereit zu sein für die Begegnung mit dem Fremden. Serendipität bedeutet auch, Neues zuzulassen. Das setzt eine gewisse Form von Angstfreiheit voraus – die Freiheit von Angst vor Neuem und Ungewissen.

Also: Auf geht's,
sei mutig und mach.

Ich springe oft ins kalte Wasser und begegne dem Ungewissen, Neuen mit neugierigen Augen. Manchmal komme ich an meine Grenzen, aber genau das Erforschen der eigenen Grenzen zeigt neue, noch ungenutzte Fähigkeiten auf.

Gourmet-Pizza

Für dich, für deine Liebsten, für alle,
die du so richtig verwöhnen willst:
schlemmen ohne Reue.

QUINOA-PIZZA MIT FEIGEN, PROSCIUTTO UND BÜFFELMOZZARELLA

Klassische Pizzazutaten wie Feigen, Prosciutto und Büffelmozzarella treffen auf einen untypischen Teig – einen eiweißreichen Quinoateig. Durch die saure Sahne als Saucenbasis erinnert diese Pizza ein wenig an einen Flammkuchen.

 ZZ: 20 MINUTEN
(+ 6 H EINWEICHZEIT)

 SF: 40–45 MINUTEN

ZUTATEN FÜR 2 PERSONEN:

GRUNDREZEPT QUINOATEIG
(s. S. 156)

BELAG:

250 g saure Sahne

½ Bund Schnittlauch

eine Handvoll Rucola

3 Feigen

30 g Pinienkerne

125 g Büffelmozzarella

100 g Prosciutto

Salz, Pfeffer

Olivenöl zum Beträufeln

1. Quinoateig laut Grundrezept zubereiten. 5–10 Minuten vor Backende aus dem Ofen nehmen und mit der sauren Sahne einstreichen.

2. In der Zwischenzeit Schnittlauch waschen, trockenschütteln und in feine Röllchen schneiden. Rucola waschen und trockenschütteln. Feigen in Scheiben schneiden. Pinienkerne in einer Pfanne ohne Fett rösten. Mozzarella in Stücke reißen.

3. Pizza aus dem Ofen nehmen, mit Salz und Pfeffer würzen, mit Prosciutto und den restlichen Zutaten belegen.

4. Pizza nach Belieben mit etwas Olivenöl beträufeln und servieren.

Glutenfrei *bei Verwendung von glutenfreiem Backpulver*

RÄUCHERLACHS-PIZZA
MIT GEKOCHTEN EIERN

Geräucherten Lachs habe ich in Australien lieben gelernt. Er ist reich an essentiellen Fettsäuren, den Omega-3-Fettsäuren, hat eine positive Wirkung auf den Cholesterinspiegel und hilft, Herz und Kreislauf in Schwung zu halten. In Kombination mit Ei und Rucola und dem knusprigen Teig macht er sich hervorragend.

 ZZ OHNE TEIG: 25 MINUTEN
(+ 45 MINUTEN GEHZEIT)

SF: 1 H 40 MINUTEN

ZUTATEN FÜR 2 PERSONEN:

GRUNDREZEPT FLAMMKUCHEN-
TEIG (s. S. 159)

BELAG:

2 Eier

2 rote Zwiebeln

250 g Ricotta

1 EL Zitronensaft

etwas Olivenöl

Salz, Pfeffer

100 g Räucherlachs

1–2 EL Kapern

50 g Ricotta

Rucola zum Belegen

grob geschroteter Pfeffer

1. Backofen vorheizen und Teig nach Grundrezept zubereiten. Kurz vor Ende der Verarbeitung des Teiges Wasser für die Eier zum Kochen bringen. Ofen auf ca. 220 °C Ober-/Unterhitze vorheizen (Umluft 200 °C) und ein Backblech für die Pizza im unteren Teil des Ofens vorwärmen. Die Eier in kochendem Wasser 9 Minuten hart kochen, anschließend mit kaltem Wasser abschrecken, schälen und fein halbieren.

2. Zwiebeln schälen und in feine Ringe schneiden. Ricotta mit Zitronensaft, etwas Olivenöl, Salz und Pfeffer verrühren.

3. Teig ausrollen, auf Backpapier geben und mit etwas Olivenöl bestreichen. Zwiebelscheiben auf der Pizza verteilen, Teig mit dem Papier auf das vorgeheizte Backblech legen und Pizza im Backofen auf der untersten Schiene ca. 13 Minuten backen.

4. Räucherlachs in dünne Scheiben schneiden. Nach den 13 Minuten Blech aus dem Ofen nehmen, Ricotta gleichmäßig auf der Pizza verteilen, Pizza zurück in den Ofen geben und ca. 5 Minuten weiterbacken.

5. Pizza aus dem Ofen nehmen und Räucherlachs, Rucola und Eier gleichmäßig darauf verteilen. Mit grobem Pfeffer würzen, auf Tellern anrichten und servieren.

GF

ROASTBEEF-PIZZA MIT KÜRBIS

Diese Pizza tische ich gerne auf, wenn Gäste zu Besuch kommen. Sie besteht aus wenigen Zutaten, die alle etwas hermachen und sehr aromatisch sind. Kürbisse sind sehr kalorienarm und liefern viele Mineralstoffe wie Kalzium, Phosphor, Eisen und Kalium. Zudem enthält Kürbis Kieselsäure, die die Haut- und Nagelstruktur verbessert.

 ZZ: 35 MINUTEN
(+ 45 MINUTEN GEHZEIT)

SF: 1 H 15 MINUTEN

ZUTATEN FÜR 2 PERSONEN:

GRUNDREZEPT FLAMMKUCHEN-TEIG (s. S. 159)

BELAG:

1 rote Zwiebel

2 EL Kokosblütenzucker

4 EL dunkler Blasamicoessig

Salz, Pfeffer

400 g Hokkaido-Kürbis

1 EL Olivenöl

1 Handvoll Pinienkerne

1 Handvoll Rucola

200 g Roastbeef

100 g Ziegenfrischkäse

1. Teig nach dem Grundrezept zubereiten. Zwiebel schälen, halbieren und in sehr feine Halbscheiben schneiden. Kokosblütenzucker und Blasamicoessig in eine kleine Pfanne geben und auf kleiner Flamme kochen lassen, bis sich der Zucker aufgelöst hat. Zwiebel hinzugeben und bei kleiner Hitze etwas einkochen lassen. Mit etwas Salz und Pfeffer würzen.

2. Kürbis mit Schale in dünne Scheiben schneiden. Olivenöl in einer Pfanne erhitzen und Kürbisscheiben darin auf beiden Seiten ca. 8–10 Minuten anbraten, bis der Kürbis gar ist, aber noch nicht zerfällt. Etwas salzen.

3. Pinienkerne ohne Fett in einer beschichteten Pfanne rösten. Rucola waschen und trockenschütteln.

4. Zwiebeln auf den fertigen Teig legen, Kürbisscheiben und Roastbeef gleichmäßig darauf verteilen. Ziegenfrischkäse klecksweise auf der Pizza verteilen. Pizza nach Belieben pfeffern und mit Rucola und Pinienkernen garnieren.

PIZZA PROSCIUTTO MIT FEIGEN, RUCOLA & BÜFFELMOZZARELLA

Diese Pizza ist eins meiner liebsten Rezepte für Spätsommertage. Ich finde sie perfekt, um sie mit Freunden bei einsetzender Dämmerung im Garten mit einem Gläschen Wein zu genießen. Sie schmeckt nicht nur unglaublich gut, die Feigen enthalten auch sehr viele gesunde Stoffe, neben Ballaststoffen auch Eisen, Kalium und Calcium.

ZZ: 25 MINUTEN
(+ 45 MINUTEN GEHZEIT)

SF: 1 H 10 MINUTEN

ZUTATEN FÜR 2 PERSONEN:

GRUNDREZEPT FLAMMKUCHEN-TEIG (s. S. 159)

BELAG:

125 g Büffelmozzarella

3 Feigen

5 EL grünes Pesto (s. S. 160)

80 g Prosciutto

50 g Rucola

Salz, Pfeffer

1. Backofen vorheizen. Teig zubereiten und oval auf einem mit Backpapier belegten Blech auswalken. Mit den Fingern einen 1 cm dicken Rand formen. Teig im vorgeheizten Ofen ca. 10–15 Minuten backen.

2. In der Zwischenzeit Büffelmozzarella und Feigen in Scheiben schneiden.

3. Teig aus dem Ofen nehmen, kurz etwas abkühlen lassen und mit Pesto bestreichen. Büffelmozzarella, Prosciutto und Rucola gleichmäßig darauf verteilen und Pizza mit Salz und Pfeffer würzen.

Tipp: Zu dieser Pizza passen geröstete Pinienkerne sehr gut.

GF

Vegetarische Variante:
Prosciutto weglassen

CHIA-MANDELMEHL-PIZZA MIT PESTO & FEIGEN

Diesen Teig kann man auch sehr gut als Snack zwischendurch oder zu Salat essen. Er ist ballast-stoffreich, nahrhaft und schmeckt lecker. Die Kombination mit meiner Lieblingsfrucht, der Feige, macht diese Pizza zu einem meiner Favoriten.

 ZZ: 20 MINUTEN

 SF: 45 MINUTEN

ZUTATEN FÜR 2 PERSONEN:

TEIG:

45 g Chia-Samen

200–220 ml Wasser

6 EL Mandelmehl

30 g Pinienkerne

15 g Kürbiskerne

Salz

BELAG:

150 g bunte Kirschtomaten

5–6 EL grünes Pesto (s. S. 160)

ca. 10 Kalamata-Oliven

2 EL Pinienkerne

1 Handvoll Rucola

2 Feigen

Salz, Pfeffer

DEKO:

essbare Blüten nach Belieben

1. Backofen auf ca. 180 °C Umluft (200 °C Ober-/Unterhitze) vorheizen und ein Backblech mit Backpapier bereitstellen.

2. Für den Pizzaboden Chia-Samen mit dem Wasser mischen und das Mandelmehl hinzugeben. Pinien- und Kürbiskerne in einem Mörser zerkleinern und unterrühren. Masse salzen und alles so lange vermischen, bis ein zusammenhängender Teig entsteht. Den Teig nach Belieben ein paar Minuten zum Quellen stehen lassen.

3. Masse auf ein mit Backpapier belegtes Blech geben und kreisrund verstreichen. Der Teig sollte gleichmäßig ca. ½ cm hoch sein. Backblech mit dem Teig in den vorgeheizten Ofen geben, Teig ca. 35 Minuten backen.

4. In der Zwischenzeit Kirschtomaten waschen und halbieren. Pinienkerne ohne Fett in einer Pfanne rösten. Rucola waschen und trockenschütteln. Feigen vierteln.

5. Teig aus dem Ofen nehmen und ca. 5 Minuten auskühlen lassen. Pesto auf die Pizza streichen und die Pizza mit Kirschtomaten, Oliven, Pinienkernen, Rucola und Feigen garniert servieren. Nach Geschmack mit Salz und Pfeffer würzen, nach Belieben mit Blüten dekorieren.

Tipp: Schmeckt auch hervorragend mit Parmesan und/oder Roastbeef.

GF   LF   VG

SOCCA MIT ZUCCHININUDELN

Socca hab ich im Nizza-Urlaub an der Côte d'Azur kennengelernt. Socca-Teig ist sehr dünn, fast wie ein Crêpe, und in Italien und Südfrankreich sehr beliebt. Zubereitet wird diese Spezialität aus den Grundzutaten Kichererbsenmehl, Olivenöl, Salz und Wasser. Danach kann man sie nach Lust und Laune belegen.

ZZ: 30 MINUTEN
(+ 1 STUNDE GEHZEIT)

SF: 30 MINUTEN

ZUTATEN FÜR 2 PERSONEN:

TEIG:

2 Knoblauchzehen

120 g Kichererbsenmehl

4 EL Olivenöl

1 TL Salz

BELAG:

1 Zucchini

2 EL Olivenöl

10 Kalamata-Oliven

1 Handvoll getrocknete Tomaten

100 g Feta

2 EL Pinienkerne

Salz, Pfeffer

DEKO:

Thymian für die Deko

essbare Blüten

1. Knoblauch schälen und fein hacken. In einer Schüssel Kichererbsenmehl, 180–200 ml Wasser, 2 EL Olivenöl, Knoblauch und Salz vermengen. Mischung ca. 1 Stunde bei Raumtemperatur ruhen lassen.

2. Backofen auf 210 °C Umluft (220 °C Ober-/Unterhitze) vorheizen. Eine backofenfeste Pfanne im warmen Ofen erhitzen. Mit Küchenhandschuhen (Achtung: Verbrennungsgefahr) herausnehmen, 1 EL Olivenöl darin schwenken und die Kichererbsenmehl-Teigmischung hineingeben. Für ca. 6–8 Minuten im Ofen backen.

3. Pfanne mit einem Küchenhandschuh (Achtung: Verbrennungsgefahr) nochmals herausnehmen und restliches Olivenöl auf dem Teig verteilen.

4. Zucchini waschen, Enden abschneiden und die Zucchini mit einem Spiralschneider durch Drehbewegung oder mit einem Julienne-Schäler in dünne Streifen schneiden. In etwas Olivenöl schwenken. Oliven und getrocknete Tomaten darauf verteilen und zerbröselten Feta darübergeben. Pizza erneut für ca. 8–10 Minuten im Ofen backen.

5. Pinienkerne ohne Fett in einer Pfanne rösten. Pizza aus dem Ofen nehmen, etwas auskühlen lassen und Pinienkerne darüber verteilen. Pizza nach Belieben mit Salz und Pfeffer würzen und mit frischem Thymian und essbaren Blüten garniert servieren.

GF **VEG** **Vegane und laktosefreie Variante:** *Feta weglassen*

CHICORÉE-BIRNEN-PIZZA

Nicht jeder ist ein Fan von Chicorée, da er leicht bitter schmeckt. Sobald er aber etwas gebraten oder geröstet wird, wird er süßlich und die Kombination mit Ziegenfrischkäse, Honig und Birne macht diese Pizza unschlagbar. Birnen sind noch dazu reich an B-Vitaminen, Folsäure, Kalium und sekundären Pflanzenstoffen.

 ZZ: 35 MINUTEN
(+ 45 MINUTEN GEHZEIT)

SF: 1 H 30 MINUTEN

ZUTATEN FÜR 2 PERSONEN:

GRUNDREZEPT FLAMMKUCHEN-TEIG (s. S. 159)

BELAG:

1 Birne

2 kleine Chicorée

Saft einer halben Zitrone

2 Zweige Rosmarin

150 g Ziegenfrischkäse

2 TL Honig

2 EL Olivenöl

Salz

Pfeffer

1. Teig nach Anleitung zubereiten und aufgehen lassen. Backofen auf 230 °C Ober-/Unterhitze vorheizen (Umluft nicht geeignet).

2. Birne in sehr dünne Scheiben schneiden. Chicorée waschen, halbieren, Strunk entfernen und einzelne Blätter abtrennen. Birnenscheiben und Chicorée-Blätter mit Zitronensaft beträufeln. Rosmarinnadeln abtrennen und klein hacken.

3. Teig nach der Gehzeit länglich ausrollen, mit den Fingern einen 1 cm dicken Rand formen. Teig mit Ziegenfrischkäse bestreichen. Chicorée und Birnen gleichmäßig darauf verteilen, mit Honig und Olivenöl beträufeln und mit Salz und Pfeffer würzen. Pizza mit Rosmarin bestreuen.

4. Auf der untersten Schiene im vorgeheizten Ofen ca. 20–25 Minuten backen. Fertige Pizza nach Geschmack mit Salz und Pfeffer würzen.

Tipp: Beim Servieren nochmals mit Honig beträufeln.

To go: Lässt sich gut mitnehmen und aufwärmen, schmeckt aber auch kalt.

 GF **VEG**

POLENTA-PIZZA
MIT RADICCHIO
& ZIEGENFRISCHKÄSE

Nach meiner Zöliakie-Diagnose habe ich viel mit Polenta experimentiert. Dieses Rezept war einer meiner ersten Pizzaversuche mit alternativen Getreidesorten. Ich bin ein großer Fan der Kombination von Radicchio und Ziegenfrischkäse, man kann diese Pizza aber auch sehr gut mit Tomatensauce, Käse usw. zubereiten.

 **ZZ: 30 MINUTEN**
(PLUS EVTL. 30 MINUTEN
ABKÜHLZEIT)

SF: 35 MINUTEN
PLUS EVTL. 30 MINUTEN
ABKÜHLZEIT

ZUTATEN FÜR 2 PERSONEN:

Salz

50 g Parmesan

1 Gemüsesuppenwürfel

100 g Polenta

75 g Ziegenkäserolle

150 g braune Champignons

1 Pfirsich

8 Radicchio-Blätter

2 EL Butter

2 EL Pinienkerne

1 Handvoll Kürbiskerne

1 Handvoll Rucola

⅓ Bund Thymian

4 TL Crema con Aceto Balsamico
(nach Belieben)

1. Ofen auf 200 °C Umluft (220 °C Ober-/Unterhitze) vorheizen. 400 ml leicht gesalzenes Wasser in einem Topf zum Kochen bringen. Parmesan reiben.

2. Sobald das Wasser kocht, Gemüsesuppenwürfel hinzugeben, umrühren und Polenta langsam einrühren und aufkochen lassen. Polenta zugedeckt bei kleiner Hitze ca. 10–12 Minuten garen. Dazwischen immer wieder umrühren. Parmesan unterrühren. Etwas abkühlen lassen (am besten 30 Minuten im Kühlschrank kühlen lassen).

3. Auf einem mit Backpapier belegten Blech 4 gleich große Kreise aus der Polentamasse formen. Ziegenkäserolle in Scheiben schneiden und jeweils 2–3 Scheiben auf eine Hälfte der Kreise geben. Im vorgeheizten Ofen auf der mittleren Schiene ca. 15–20 Minuten goldbraun backen.

4. In der Zwischenzeit Champignons waschen und vierteln. Pfirsich entkernen und in Scheiben schneiden. Radicchio waschen und trockenschütteln. Butter in einer Pfanne erhitzen und Champignons, Pfirsichscheiben und Radicchioblätter darin kurz anschwitzen. Pinien- und Kürbiskerne ohne Fett in einer Pfanne rösten. Rucola waschen und trockenschütteln.

5. Pizza aus dem Ofen nehmen und mit gebratenen Radicchioblättern und Pfirsichscheiben, Pinien- und Kürbiskernen, Thymian und Rucola garnieren. Nach Belieben mit Crema con Aceto Balsamico beträufeln.

To go: Lässt sich gut mitnehmen und aufwärmen, schmeckt aber auch kalt.

 VEG

Gluten- und laktosefrei *bei Verwendung von gluten- und laktosefreien Suppenwürfeln*

FOCCACIA
MIT GRÜNEM SPARGEL

Foccacia, das ligurische Fladenbrot aus Hefeteig, das als Vorläufer der Pizza gilt, gibt es schon seit Römerzeiten. Derzeit feiert es gerade ein großes Comeback. Zu Recht, denn der Hefeteig, der vor dem Backen klassisch mit Olivenöl eingestrichen und mit Salz und Kräutern bestreut wird, schmeckt einfach fantastisch.

 ZZ: 20 MINUTEN
(+ 45 MINUTEN GEHZEIT)

 SF: 1 H 10 MINUTEN

ZUTATEN FÜR 4 PERSONEN:

TEIG:

½ Bund Rosmarin

42 g frische Hefe

500 g Vollkornmehl plus Mehl
zum Arbeiten

5 EL Olivenöl

Salz

TOPPING:

1 kg grüner Spargel

125 g saure Sahne

100 g getrocknete Tomaten in Öl

Salz, Pfeffer

1. Rosmarin waschen, trockenschütteln und fein hacken. Hefe in 300 ml warmem Wasser auflösen und umrühren. Mehl in eine große Backschüssel geben und warmes Hefewasser darübergießen. Olivenöl, Salz und Rosmarin hinzugeben. Alles gut mit den Händen ein paar Minuten zu einem Teig kneten (oder in einer Küchenmaschine). Teig zurück in die Schüssel geben, mit einem sauberen Geschirrhandtuch abdecken und an einem warmen Ort ca. 45 Minuten gehen lassen.

2. In der Zwischenzeit Spargel waschen und die Enden abschneiden. Nach 30 Minuten Backofen auf 200 °C Ober-/Unterhitze (180 °C Umluft) vorheizen. Teig nach der Gehzeit erneut durchkneten. Mehl auf eine Arbeitsfläche geben und Teig darauf mit einem Nudelwalker ca. 1,5 cm hoch ausrollen. Teig auf ein mit Backpapier belegtes Blech geben, runde Ränder an den Seiten formen und mit einer Gabel Löcher in den Teig stechen.

3. Saure Sahne auf dem Teig verteilen, grünen Spargel darauf verteilen und leicht andrücken. Getrocknete Tomaten etwas abtropfen lassen, auf der Pizza verteilen, und mit dem Öl den Spargel etwas bepinseln. Mit Salz und Pfeffer würzen.

4. Auf der mittleren Schiene des vorgeheizten Ofens ca. 45 Minuten backen. Nach ca. 15 Minuten Ofen öffnen und Pizza mit Backpapier oder Alufolie abdecken.

Tipps: Anstatt getrockneten Tomaten kann man auch Kirschtomaten verwenden.
Rucola schmeckt herrlich auf dieser Pizza.

 *To go: Lässt sich gut mitnehmen und aufwärmen, schmeckt aber auch kalt.*

VEG

RÖSTI-PIZZA
MIT KARAMELLISIERTEN ZWIEBELN
UND ZIEGENKÄSE

Rösti esse ich besonders gern beim Wandern in den Bergen. Man kann sie mit rohen oder gekochten Kartoffeln zubereiten. Dieses Mal sind sie keine Beilage, sondern spielen die Hauptrolle: als Pizzateig. Rösti-Pizza bzw. Kartoffelpizza war eine meiner ersten glutenfreien Pizzateig-Alternativen. Lässt sich beliebig belegen und schmeckt immer fantastisch.

 ZZ: 35 MINUTEN

 SF: 45 MINUTEN

ZUTATEN FÜR 2 PERSONEN:

TEIG:

700 g mehlige Kartoffeln

2 Knoblauchzehen

½ Bund Thymian

1 großes Ei

2 EL Butter, geschmolzen

Salz, Pfeffer

BELAG:

3 rote Zwiebeln

2 EL Olivenöl

Salz, Pfeffer

1 EL Honig

3 EL dunkler Balsamicoessig

1 EL schwarzer Sesam

1 Apfel

1 Handvoll Rucola

1 Knoblauchzehe

100 g Mozzarella, gerieben

100 g Ziegenfrischkäse

80 g Prosciutto

1. Backofen auf 160 °C Ober-/Unterhitze (200 °C Umluft) vorheizen. Für den Teig Kartoffeln schälen und mit einer Reibe fein reiben. Kartoffelraspel mit der Hand ausdrücken und anschließend in ein sauberes Geschirrhandtuch geben und auswringen, um die Flüssigkeit aus den Kartoffeln zu bekommen. Masse in eine große Schüssel geben. Knoblauch schälen und fein hacken. Thymian waschen, trockenschütteln und Blätter abzupfen. Beides mit Ei, geschmolzener Butter und Salz und Pfeffer zu der Kartoffelmasse geben. Alles gut vermengen.

2. Kartoffelteig auf einem mit Backpapier belegten Blech rund verteilen und im vorgeheizten Ofen ca. 25–30 Minuten backen.

3. In der Zwischenzeit Zwiebeln schälen und in sehr dünne Scheiben schneiden. Olivenöl in einer Pfanne erhitzen und Zwiebeln darin andünsten. Mit Salz und Pfeffer würzen. Honig darübergeben und etwas karamellisieren lassen. Zwiebeln mit Balsamicoessig ablöschen und die Mischung bei geringer Hitze ca. 5 Minuten einkochen lassen.

4. Sesam ohne Fett in einer Pfanne rösten. Apfel schälen, vierteln, Kerngehäuse entfernen und Apfel in dünne Scheiben schneiden. Rucola waschen und trockenschütteln. Knoblauch schälen und fein hacken.

5. Pizza aus dem Ofen nehmen. Mozzarella und karamellisierte Zwiebeln darauf verteilen und Pizza erneut für 5 Minuten in den Ofen geben.

6. Pizza aus dem Ofen nehmen und mit Apfelscheiben belegen. Ziegenfrischkäse kleckseweise darauf verteilen. Prosciutto und Rucola gleichmäßig darüber verteilen, mit Sesam bestreuen.

GF

AUS DEM VOLLEN SCHÖPFEN

Ich mag buntes Essen. Dank vielfältiger Zutaten, Farben, Foodstyling, Kräutern etc. ist es ein kleines Kunstwerk. Darüber hinaus bedeutet buntes Essen Fülle und Fruchtbarkeit – all das, was man im Englischen mit dem Begriff „Plentifulness" bezeichnet. Bunte Zutaten stehen für Vielfalt, für Frische und Abwechslung. Ich verwende auch gerne den Ausdruck „Rainbow Food", wenn eine Mahlzeit mich an einen leuchtenden Regenbogen denken lässt.

Eine vielfältig und bunt belegte Pizza ist für mich der Inbegriff von „Plentifulness". Nicht nur der Belag, auch besondere Teige und die Kombination aus diesen beiden Grundelementen machen die Fülle, den Geschmack und die Nährstoffdichte aus.

Bunt bedeutet in der LCF-Küche auch immer viele Nährstoffe und Vitamine. Bei Gemüse und Obst gilt: Je bunter, desto gesünder. Denn es sind die sekundären Pflanzenstoffe mit ihren vielfältigen positiven Auswirkungen auf unsere Gesundheit, die Gemüse und Obst die Farben verleihen.

JE BUNTER, DESTO GESÜNDER

Diese sekundären Pflanzenstoffe sind für uns Menschen sehr wichtige und gesunde Nährstoffe: Sie haben auf die menschliche Gesundheit viele positive Wirkungen. Meist wirken sie als Antioxidantien im Körper, die uns vor freien Radikalen schützen und unser Immunsystem und unser Herz stärken.

Sie können aber auch hilfreich dabei sein, die Abwehrkräfte zu steigern und sich vor Infektionen zu schützen. Sie beeinflussen den Cholesterinspiegel ebenso wie Blutzuckerwerte und Blutdruck positiv.

Wenn du dich also nach den Farben des Regenbogens ernährst, ist das sehr gesund, denn mit den Farben nimmst du sekundäre Pflanzenstoffe zu dir. Gehe beim Kochen und Zubereiten schonend mit den Lebensmitteln um (kurz blanchieren, abschrecken etc.), achte auf Frische und möglichst regionale Herkunft, bevorzuge biologisch erzeugte Lebensmittel und versuche abwechselnd rohes und gekochtes Gemüse oder Salate Teil deiner Ernährung werden zu lassen.

Sekundäre Pflanzenstoffe haben noch einen weiteren Vorteil – sie weisen eine hohe Widerstandsfähigkeit auf und vertragen Erhitzen und Einfrieren sehr gut. Insbesondere der Pflanzenstoff in Tomaten entwickelt durch Erhitzen eine höhere Wirkungsweise, sodass er vom Körper noch besser verarbeitet werden kann.

EINEN REGENBOGEN ESSEN

Ich empfehle, als Teil von LCF jede Woche einen „Regenbogen zu essen". Damit meine ich die vielen Farben, die in den unterschiedlichen frischen Obst- und Gemüsesorten zu finden sind.

Die Farbe gibt Hinweise, welche Inhaltsstoffe bzw. welche Vitamine, Mineralien und sekundären Pflanzenstoffe in Lebensmitteln zu finden sind. Ausgewogenheit bedeutet in diesem Sinne, viele verschiedene Farbtöne zu kombinieren und auf diese Weise die breite Palette der Nährstoffe und des Obsts und Gemüses optimal zu nutzen.

Farbenfrohe Ernährung verspricht Abwechslung auf dem Teller, macht Appetit und Lust aufs Essen – und mit den verschiedenen Farben deckst du in deiner Ernährung die unterschiedliche Auswirkungen der sekundären Pflanzenstoffe auf unseren Organismus ab.

Hier gilt ganz besonders, was generell eine gute Grundlage für genussvolles und bewusstes Essen ist: Abwechslung macht Freude und ist gesund.

Colourful Pizza

Ich liebe es, beim Kochen verschiedene
Farben zu kombinieren. Die Pizzen
in diesem Kapitel sind wunderschön
anzusehen und köstlich gesund.

BLUMENKOHL-PIZZA MIT ERBSENHUMMUS

Ganz in Grün ist diese proteinreiche Pizza nicht nur sehr gesund, sondern auch sehr aromaintensiv. Ideal nach dem Sport oder als Abendessen!

 ZZ: 30 MINUTEN

SF: 50 MINUTEN

ZUTATEN FÜR 2 PERSONEN:

GRUNDTEIG BLUMENKOHLPIZZA
(s. S. 155)

1 Knoblauchzehe

1 EL Butter

450 g TK-Erbsen

100 ml Gemüsebrühe

3 EL Olivenöl

Salz, Pfeffer

1 Handvoll Minze

1 Zucchini

1 Handvoll Sojabohnen, gedünstet

1 TL Chiliflocken

Zesten einer halben unbehandelten Zitrone

einige Blätter Oregano, Basilikum und Petersilie

1. Teig laut Grundrezept zubereiten und Backofen vorheizen.

2. Für das Erbsenhummus Knoblauchzehe schälen und fein hacken. Butter in einem Topf zergehen lassen und Knoblauch darin anschwitzen. Erbsen hinzugeben und 2 Minuten mitdünsten. Gemüsebrühe dazugießen und Erbsen zugedeckt etwa 5 Minuten bei mittlerer Hitze köcheln lassen. Mit 1 EL Olivenöl, Salz und Pfeffer abschmecken.

3. Minze hinzugeben und alles mit einem Pürierstab pürieren.

4. Zucchini waschen und in Stifte schneiden. Restliches Olivenöl in einer Pfanne erhitzen und Zucchini darin anbraten. Mit Salz und Pfeffer würzen.

5. Pizza mit dem Erbsenhummus bestreichen und Zucchinistücke, gedünstete Sojabohnen, Chiliflocken, Zitronenzesten und Kräuter gleichmäßig darauf verteilen. Nach Belieben mit Salz und Pfeffer würzen.

To go: Blumenkohlteig schmeckt auch kalt oder aufgewärmt sehr gut (ohne Belag). Er lässt sich gut mitnehmen und einfrieren.

GF   VEG

KLEINE QUINOA-PIZZA
MIT KÜRBISCREME
& SEIDENAUSTERNPILZEN

Diese Pizza mit ihrem knusprigen Teig und der weichen Kürbiscreme eignet sich sehr gut für Einladungen mit Buffet. Sie schmeckt auch kalt und lässt sich prima in Portionsgröße zubereiten.

 ZZ: 40 MINUTEN
(+ 6 H EINWEICHZEIT)

SF: 40 MINUTEN

ZUTATEN FÜR 2 PERSONEN:

Salz

½ kg Hokkaido-Kürbis

Grundrezept Quinoateig (s. S. 156)

½ Granatapfel

8 Kirschtomaten

1 Handvoll Haselnüsse

2 EL Rapsöl

60 g Seiden-Austernpilze
(oder braune Champignons)

1 EL Olivenöl

1 Prise Muskat

einige Blätter Oregano

getrocknete Tomaten nach Belieben

1. Leicht gesalzenes Wasser für den Kürbis zum Kochen bringen. Kürbis waschen, halbieren, entkernen und mit der Schale in kleine Stücke schneiden. Kürbis im kochenden Wasser ca. 20 Minuten weichkochen.

2. Backofen für den Quinoateig vorheizen. Teig zubereiten und aus der Masse 4 gleich große Kreise auf einem mit Backpapier belegten Blech formen. Teig in den vorgeheizten Ofen geben und laut Rezept backen.

3. In der Zwischenzeit Kerne aus dem Granatapfel auslösen. Kirschtomaten waschen und halbieren. Haselnüsse grob hacken und in einer Pfanne ohne Fett rösten, anschließend auf die Seite geben. Rapsöl in der gleichen Pfanne erhitzen und Pilze darin rundum anbraten. Pilze salzen.

4. Wasser abgießen und Kürbis mit einem Pürierstab pürieren. Mit Olivenöl, Salz und Muskat abschmecken.

5. Quinoateig aus dem Ofen nehmen, Kreise mit dem Kürbispüree bestreichen und mit Kirschtomaten, Pilzen und Granatapfelkernen belegen. Mit Haselnüssen und Oregano dekoriert servieren und nach Belieben noch getrocknete Tomaten dazugeben.

Glutenfrei bei Verwendung von glutenfreiem Backpulver

 LF VG

FLOWER-POWER-PIZZA

Wie wäre es mit ein wenig 70ies- und Hippie-Stimmung auf dem Teller? Die Blumenmuster haben dieser bunten Pizza den Namen Flower Power gegeben: einfach buntes Gemüse wählen, Pizza blumenartig dekorieren und genießen. Schmeckt auch herrlich mit Büffelmozzarella.

 ZZ: 40 MINUTEN
(+ 45 MINUTEN GEHZEIT)

SF: 1 H 15 MINUTEN

ZUTATEN FÜR 2 PERSONEN:

GRUNDTEIG FLAMMKUCHENTEIG
(s. S. 159)
PIZZA-SAUCE (s. S. 161)

1 lila Aubergine (Listada de Gandia)
oder 1 normale Aubergine

3 bunte Ochsenherztomaten
(gelb, rot, orange)

1 Bündel Bellaverde-Brokkoli
(süßer Brokkoli mit langem Stiel)

1 gelbe Zucchini

Basilikum für die Deko

1. Pizzateig und Pizzasauce nach Grundrezept zubereiten.

2. Backofen vorheizen und in der Zwischenzeit Aubergine waschen und längs in Streifen schneiden. Tomaten waschen, Stielansatz keilförmig herausschneiden und Tomaten in Scheiben schneiden. Brokkoli waschen. Zucchini waschen, Enden abschneiden und Zucchini mit einem Spiralschneider durch Drehbewegung oder mit einem Julienne-Schäler in dünne Streifen schneiden.

3. Teig auf einer bemehlten Arbeitsfläche ausrollen, Pizzasauce mit einem Esslöffel auf dem Teig gleichmäßig verteilen und Gemüse dekorativ darauf verteilen.

4. Pizza in den vorgeheizten Ofen geben und 15–20 Minuten backen. Mit Basilikum garniert servieren.

Tipp: Zu dieser Pizza passt Büffelmozzarella hervorragend. Zum Schluss auf das Gemüse geben und mitbacken. Man kann auf die fertige heiße Pizza auch noch Prosciutto geben.

To go: Schmeckt auch aufgewärmt am nächsten Tag in der Mittagspause sehr gut.

Saisonal: Anstatt des ausgefallenen Gemüses, das nicht immer und überall erhältlich ist, kann man die Pizza nach Belieben auch mit anderem bunten Gemüse nach Wahl belegen oder normale grüne Zucchini und Brokkoli verwenden.

GF **VEG**

HIRSE-PIZZA
MIT GERÖSTETEM GEMÜSE
AUF HUMMUS

Ich liebe Hirse ebenso wie geröstetes Gemüse – diese Pizza vereint beides und ist für mich ein echtes „Glücksessen". Hirse gilt als Schönheitselixier, da sie reich an Phosphor, Magnesium, Kalium und besonders Silizium ist. Sie lässt unsere Haut erstrahlen, macht unsere Fingernägel und Haare robuster und gesund. Das Gemüse steuert weitere wertvolle Vitamine bei.

ZZ: 25 MINUTEN

SF: 55 MINUTEN

ZUTATEN FÜR 2 PERSONEN:

TEIG:

200 g Hirse

Salz

½ Bund Thymian

2 Eier

BELAG:

150 g Kirschtomaten

½ rote Rübe

2 Karotten

4 Radieschen

½ Kopf weißer oder gelber Blumenkohl

4 Stangen grüner Spargel oder 2 Frühlingszwiebeln

8 Rosenkohl

⅓ Bund Thymian

1 EL Honig

1 TL dunkler Balsamicoessig

2 EL Olivenöl

Salz

200 g Rote-Rüben-Hummus

1. Ofen auf 180 °C Ober-/Unterhitze (160 °C Umluft) vorheizen. Für die Hirse 900–1000 ml Wasser mit etwas Salz aufkochen. Hirse in ein feines Sieb schütten und mit heißem Wasser abspülen, bis das Wasser klar bleibt (um bitteren Geschmack zu vermeiden). Anschließend gut abtropfen lassen. Bei mittlerer bis erhöhter Hitze etwa 5 Minuten kochen, anschließend 10 Minuten ausquellen lassen (je nach Produkt muss man Hirse evtl. länger kochen – bitte Packung beachten).

2. Thymian waschen und trockenschütteln. Thymianblätter abstreifen. Kirschtomaten waschen und halbieren oder vierteln. Rote Rübe mit Einweghandschuhen in feine Scheiben schneiden. Karotten schälen, quer halbieren und Stücke wiederum vierteln. Radieschen waschen und vierteln. Blumenkohl in Röschen teilen und waschen. Spargel oder Frühlingszwiebeln waschen, quer halbieren. Rosenkohl waschen.

3. Gemüse in eine mittelgroße, backofenfeste Form geben, mit Honig, Balsamicoessig und Olivenöl beträufeln und salzen. Ein Drittel der Thymianblätter und ganze Stiele darauf verteilen. Im vorgeheizten Ofen ca. 35–40 Minuten garen. Zwischendurch mit einem Pfannenwender wenden.

4. Währenddessen Eier, restlichen Thymian und Salz unter die etwas ausgekühlte Hirse rühren. Masse auf ein mit Backpapier belegtes Blech ca. 1,5 cm dick und rund ausstreichen, ebenfalls in den Ofen geben und ca. 20–30 Minuten backen.

5. Teig aus dem Ofen nehmen und Rote-Bete-Hummus darauf streichen. Gemüse ebenfalls aus dem Ofen nehmen und gleichmäßig auf der Pizza verteilen.

To go: Schmeckt auch kalt.

GF   LF   VEG

BLUMENKOHL-PIZZA MIT ZUCCHINI & POCHIERTEM HÜHNCHEN

Mein Pizza-Klassiker! Diese Pizza macht immer was her und schmeckt auch ohne Belag. Das liegt am würzigen Käse. Da der Teig ganz ohne Mehl auskommt und Eier und Käse enthält, ist er eine gute Proteinquelle. Ideal zum Abendessen oder nach dem Sport.

 ZZ: 30 MINUTEN

SF: 30 MINUTEN

ZUTATEN FÜR 2 PERSONEN:

GRUNDTEIG BLUMENKOHLPIZZA (s. S. 155)

2 Zucchini

2 EL Olivenöl

Salz, Pfeffer

8 EL Mandeln

½ Bund Petersilie

2–4 EL Kräuter-Pesto (s. S. 160)

6–8 EL Hüttenkäse

50 g schwarze Oliven

Currypulver nach Geschmack

POCHIERTES HÜHNCHEN:

350 ml Kokosmilch

2 EL Fischsauce

2 Ingwerscheiben mit Schale, 2 mm dick

1 EL Pfefferkörner

2 EL Butter

1 Prise Salz

250 g Hühnchenbrustfilet

1. Backofen auf 200 °C Umluft (220 °C Ober-/Unterhitze) vorheizen. Teig nach Grundrezept zubereiten.

2. Währenddessen in einer Pfanne 350 ml Wasser mit der Kokosmilch zum Kochen bringen. Fischsauce, Ingwerscheiben, Pfefferkörner, Butterstücke und Salz hinzugeben. Fleisch im Ganzen hinzugeben und auf mittlerer Flamme ca. 10 Minuten offen köcheln lassen. Aus dem Sud nehmen, mit kaltem Wasser abschrecken und in Streifen zupfen.

3. Während das Hühnchen köchelt, Zucchini waschen und mittels eines Sparschälers feine Streifen raspeln. Etwa 10 Minuten vor Backende der Blumenkohlpizza Olivenöl in einer Pfanne erhitzen und Zucchinistreifen darin rundum anbraten. Mit Salz und Pfeffer würzen. Mandeln in einer weiteren Pfanne ohne Fett goldbraun rösten. Petersilie waschen, trockenschütteln, Blätter abzupfen, fein hacken.

4. Pizza aus dem Ofen nehmen, mit Pesto bestreichen und Zucchinistreifen, Hüttenkäse, Mandeln und Oliven darauf verteilen. Mit Currypulver und Petersilie bestreuen und servieren.

To go: Blumenkohlteig schmeckt auch kalt oder aufgewärmt sehr gut (ohne Belag). Er lässt sich gut mitnehmen (einfach frisch belegen) und auch einfrieren.

Vegetarische Variante:
Huhn weglassen

GF

EINHORNPIZZA

Ich bin ein großer Fan von roten Rüben und liebe es, mit diesem vielseitigen Gemüse zu experimentieren. Hier habe ich pürierte rote Rüben unter den Hefeteig gemischt. Das gibt ihm eine schöne rosa Farbe und einen sehr aromatischen, etwas erdigen Geschmack. Kommt nicht nur bei Kindern gut an!

 ZZ: 20 MINUTEN
(+ 45 MINUTEN GEHZEIT)

 SF: 40 MINUTEN

ZUTATEN FÜR 2 PERSONEN:

TEIG:

1 ½ rote Rüben, gekocht

ca. 500 g Vollkornmehl
plus Mehl zum Arbeiten

1 TL Salz

250 ml lauwarmes Wasser

1 Packung Trockenhefe

1 Prise Zucker

2 EL Olivenöl

BELAG:

6 grüne Spargel

2 Radieschen

10 Kirschtomaten

1 Frühlingszwiebel

2 TL schwarzer Sesam für die Deko

ca. 6 EL grünes Pesto (s. S. 160)

110 g Ziegenfrischkäse

1. Rote Rüben mit einem Pürierstab pürieren. Vollkornmehl in eine Schüssel sieben und Salz hinzugeben. Warmes Wasser (nach Wunsch einen Schuss Milch hinzugeben) mit Trockenhefe und Zucker verrühren. Flüssigkeit über das Mehl gießen, Olivenöl und Rote-Rüben-Püree hinzugeben und mit den Händen (Einweghandschuhe wegen der roten Rübe verwenden) oder einer Küchenmaschine ca. 5 Minuten kneten, bis ein locker luftiger Teig entstanden ist. Zugedeckt an einem warmen Ort ca. 45 Minuten gehen lassen, bis der Teig sein Volumen verdoppelt hat.

2. In der Zwischenzeit Spargel-Enden 1 cm abschneiden. Radieschen vierteln. Kirschtomaten halbieren. Frühlingszwiebel in feine Scheiben schneiden. Sesam in einer Pfanne ohne Fett rösten.

3. Backofen auf 200 °C Umluft (220 °C Ober-/Unterhitze) vorheizen. Pizzateig auf einer bemehlten Arbeitsfläche dünn oval ausrollen und einen 1 cm dicken Rand formen.

4. Pizzateig mit dem grünen Pesto bestreichen, Spargel, Radieschen und Kirschtomaten darauf verteilen. Pizza auf der mittleren Schiene des vorgeheizten Ofens ca. 15–20 Minuten backen.

5. Pizza mit Ziegenfrischkäse, Frühlingszwiebeln und Sesam garniert servieren.

Tipp: Zu dieser Pizza schmeckt ein Spiegelei oder ein pochiertes Ei sehr gut. Entweder einfach 2 rohe Eier darauf aufschlagen und im Ofen ca. 3-5 Minuten mitbacken oder Eier pochieren und mit der fertigen Pizza servieren.

 *To go: Schmeckt auch kalt und lässt sich gut aufwärmen.*

 Glutenfrei *bei Verwendung von glutenfreiem Mehl*   **Vegane Variante:** *statt Ziegenfrischkäse Hummus verwenden*

SÜSSKARTOFFEL-PIZZA MIT PESTO UND GERÖSTETEN KICHERERBSEN

Diese Pizza ist eine cremige Angelegenheit und kann fast gelöffelt werden. Der sehr weiche Teig in Kombination mit dem Pesto und den gerösteten Kichererbsen macht sie zu einem besonderen Geschmackserlebnis. Süßkartoffeln sind außerordentlich gesund und enthalten viele Nähr- und Vitalstoffe sowie Antioxidantien, die eine hohe antientzündliche Wirkung besitzen.

 ZZ: 45 MINUTEN

SF: 45 MINUTEN

ZUTATEN FÜR 2 PERSONEN:

TEIG:

Salz

ca. 200 g Süßkartoffeln

etwas Olivenöl

60 g Reismehl

1 TL Rosmarin, frisch gehackt

1 Msp. Chilipulver

Pfeffer

grünes Pesto zum Bestreichen (s. S. 160)

GERÖSTETE KICHERERBSEN:

400 g Kichererbsen aus der Dose

1 Msp. Chilipulver

1 TL Paprikapulver

1 EL Olivenöl plus Olivenöl zum Braten

1 TL Honig

SONSTIGE ZUTATEN:

6 Rosenkohl

100 g bunte Kirschtomaten

½ rote Zwiebel

150 g Feta

DEKO:

Rucola

schwarzer Sesam, geröstet

1. Leicht gesalzenes Wasser für die Süßkartoffeln in einem Topf zum Kochen bringen. Backofen auf 180 °C Umluft (200 °C Ober-/Unterhitze) vorheizen. Süßkartoffeln waschen und schälen. Süßkartoffeln je nach Größe halbieren oder vierteln. Weichkochen, Wasser abgießen, etwas Olivenöl in den Topf zu den Kartoffeln geben und diese rundum anbraten. Leicht salzen.

2. Kartoffeln mit einem Pürierstab cremig pürieren. Reismehl, Rosmarin, Chili, Salz und Pfeffer hinzugeben und alles gut vermengen. Aus der Masse auf einem mit Backpapier belegten Backblech einen runden Fladen formen. Im vorgeheizten Ofen ca. 20 Minuten backen.

3. In der Zwischenzeit Kichererbsen abgießen und in einer Schüssel mit Chilipulver, Paprikapulver, Olivenöl und Honig marinieren.

4. Olivenöl in einer Pfanne erhitzen und Kichererbsen darin rundum anbraten. Pesto laut Grundrezept zubereiten.

5. Rosenkohl waschen, halbieren und in einer Pfanne anbraten. Kirschtomaten waschen und halbieren. Zwiebel schälen und in feine Scheiben schneiden. Rucola waschen und trockenschütteln.

6. Fladen aus dem Ofen nehmen, mit Pesto bestreichen, gebratenen Rosenkohl und geröstete Kichererbsen, Zwiebelringe und Kirschtomaten darauf verteilen. Feta darüber zerbröseln und mit Rucola und Sesam garniert servieren.

Tipp: Bei Bedarf etwas salzen und mit Olivenöl beträufeln.

GF **VEG** **Vegane und** laktosefreie **Variante:** *Feta weglassen*

LEINSAMENTEIG-CONFETTI-PIZZA

Diese Pizza lässt sofort an Kindergeburtstag denken, bunt belegt ist sie ideal für Einladungen mit mehreren Gästen, vom Kind bis zum Senior. Ich liebe die Kombination aus knusprigem, dünnem Leinsamenteig mit frischem Salat, cremigem Ziegenfrischkäse darauf und knackig buntem Gemüse – ein echter Augenschmaus.

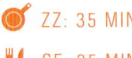 ZZ: 35 MINUTEN

SF: 35 MINUTEN

ZUTATEN FÜR 2 PERSONEN:

LINSENCREME:

1 Gemüsesuppenwürfel

100 g rote Linsen

1 Knoblauchzehe

Salz, Pfeffer

1 TL Currypulver

1 EL Olivenöl

TEIG:

1 EL Chiasamen

60 g gemahlene Leinsamen

2 EL Buchweizenmehl

1 TL Backpulver

1 ½ EL Olivenöl

Salz

BELAG:

4 Romana-Salatblätter

4 Radieschen

1 Mini-Gurke

1 Frühlingszwiebel

1 Handvoll Haselnüsse

1 Handvoll Erdnüsse

2 EL weißer Sesam

100 g bunte Kirschtomaten

1–2 EL Olivenöl

80 g Ziegenfrischkäse

1. 250 ml Wasser für die Linsen zum Kochen bringen und Gemüsesuppenwürfel darin auflösen. Backofen auf 160 °C Ober- und Unterhitze (200 °C Umluft) vorheizen. Chiasamen mit 4 EL Wasser mischen und gelieren lassen (ca. 10 Minuten).

2. Sobald das Wasser kocht, Gemüsesuppenwürfel in das kochende Wasser geben, Linsen hinzugeben und bei milder bis mittlerer Hitze ca. 10–12 Minuten kochen, bis die Flüssigkeit fast vollständig aufgesogen ist und die Linsen weich sind. Linsen abkühlen lassen und mit Knoblauch, Salz, Pfeffer, Currypulver und Olivenöl mit dem Pürierstab zu einer Creme verarbeiten.

3. Leinsamen, Buchweizenmehl, Backpulver, Olivenöl und Salz mischen. Gelierte Chiasamen hinzugeben und gut vermischen. Je nach Konsistenz etwas Wasser dazugeben und noch einmal umrühren. Ein Backblech mit Backpapier auslegen und aus der Mischung 4 gleich große kleine Kreise formen. Blech in den vorgeheizten Ofen geben und Teig für ca. 15–20 Minuten backen.

4. In der Zwischenzeit Salatblätter waschen und trockenschütteln. Radieschen waschen und vierteln. Gurke waschen und in Würfel schneiden. Frühlingszwiebel waschen und in feine Scheiben schneiden. Haselnüsse, Erdnüsse und Sesam in einer beschichteten Pfanne ohne Fett rösten. Kirchtomaten halbieren und in etwas Olivenöl in einer Pfanne rundum anbraten.

5. Leinsamen-Pizza aus dem Ofen nehmen, etwas abkühlen lassen, je 1 Salatblatt darauflegen, Linsencreme darauf verstreichen und mit dem restlichen geschnittenen Gemüse und den Nüssen belegen. Ziegenfrischkäse klecksweise darüber verteilen. Nach Belieben mit etwas Olivenöl beträufeln.

Tipp: Statt Linsencreme kann man auch eine fertige Creme wie Kürbis-, Rote-Rüben-Creme oder Hummus verwenden.

VEG

Gluten- und laktosefrei
bei Verwendung von gluten- und laktosefreien Suppenwürfeln und glutenfreiem Backpulver

Vegane Variante:
Ziegenfrischkäse weglassen

ROTE-BETE-PIZZA
MIT ZIEGENFRISCHKÄSE
& KARAMELLISIERTEN ÄPFELN

Erdige rote Rüben treffen auf feinen Ziegenfrischkäse und fruchtigen Pfirsich. Rote Rüben wirken blutreinigend, entsäuern den Organismus und regen den Stoffwechsel an. Zusätzlich stärken die sekundären Pflanzenstoffe das Immunsystem. Pfirsiche wirken entschlackend, sie stärken Immunsystem, Herz, Kreislauf und Gefäße. Eine Pizza mit pikanter und süßer Note aus wertvollen Zutaten!

 ZZ: 30 MINUTEN
(+ 6 H EINWEICHZEIT)

 SF: 30 MINUTEN

ZUTATEN FÜR 2 PERSONEN:

GRUNDREZEPT QUINOATEIG
(s. S. 156)

2 Äpfel

1 EL Butter

1 EL Honig

50 g Walnüsse

2 mittelgroße gekochte rote Rüben

5–6 EL Kürbiskernpesto oder grünes Pesto (s. S. 160)

70 g Ziegenfrischkäse

1 Handvoll Rucola

Thymian zum Garnieren

Salz, Pfeffer

1. Backofen vorheizen, Quinoateig laut Grundrezept zubereiten und backen.

2. Äpfel waschen, vierteln, Kerngehäuse entfernen und Äpfel in Scheiben schneiden. Butter in einer Pfanne erhitzen und Äpfel darin mit Honig karamellisieren lassen.

3. Walnüsse in einer Pfanne ohne Fett rösten. Rote Rüben in feine Scheiben schneiden.

4. Quinoateig aus dem Ofen nehmen und Teig mit Pesto bestreichen. Mit Rote-Rüben-Scheiben belegen, karamellisierte Apfelstücke darüber verteilen und Ziegenfrischkäse klecksweise daraufgeben. Walnüsse darüberstreuen und mit Rucola und Thymian garnieren. Mit Salz und Pfeffer würzen.

Glutenfrei *bei Verwendung von glutenfreiem Backpulver*

 VEG

Live a colorful life!

Viele Pflanzen verdanken ihre leuchtenden Farben Stoffen, die unsere Gesundheit und unser Wohlbefinden positiv beeinflussen. Hier ein Überblick über die wichtigsten in Pflanzen enthaltenen Farbstoffe und ihre Wirkungen.

Gelb

Zum Beispiel enthalten in gelben Paprika, Mais, gelben Zucchini: Die sekundären Pflanzenstoffe Carotinoide kurbeln das Immunsystem und den Stoffwechsel an und können vor Krebs schützen.

Orange

Zum Beispiel enthalten in Karotten, Orangen: Die sekundären Pflanzenstoffe Carotinoide wirken antioxidativ und schützen das Immunsystem.

Rot

Zum Beispiel enthalten in Tomaten, Himbeeren, Radieschen: Der sekundäre Pflanzenstoff Lycopin wirkt anregend und kann den Verstopfungsprozess von Gefäßen verlangsamen.

Blau/Violett

Zum Beispiel enthalten in Heidelbeeren, Auberginen, Brombeeren, roten Rüben: Die sekundäre Pflanzenstoffe Anthocyane wirken entzündungshemmend und schützen vor Hautalterung.

Grün

Zum Beispiel enthalten in Brokkoli, Erbsen, Salat, Avocado: Der sekundäre Pflanzenstoff Chlorophyll ist wichtig für den Zellaufbau und schützt die Augen.

Ideen aus aller Welt neu kombinieren:
So bringe ich meine beiden großen Leiden-
schaften Essen und Reisen zusammen.

ASIATISCHE REISNUDELTEIG-PIZZA

Womit würden Sie in Asien Pizza zubereiten? Reismehl, Reis oder Reisnudeln bieten sich an – ich finde die Variante mit den Reisnudeln besonders gelungen. Isst man am besten nicht mit Stäbchen oder aus der Hand, sondern mit Messer und Gabel.

ZZ: 40 MINUTEN

SF: 40 MINUTEN

ZUTATEN FÜR 2 PERSONEN:

200 g Reisbandnudeln

2 Eiweiß

Salz

SÜSS-SAURE SAUCE:

2 Knoblauchzehen

1 Paprikaschote

1 Chilischote

4 EL Essig

6 EL Kokosblütenzucker

und Petersilie

BELAG:

1 Frühlingszwiebel

½ Mango

2 Karotten

2 EL Rapsöl

70 g Seiden-Austernpilze

Salz

½ Bund Koriander

1 Chilischote

4 EL Tamari oder Sojasauce

1 Handvoll Mungobohnensprossen

150 g pochiertes Huhn (s. S. 88), in kleine Stücke gezupft

10 g frischer Ingwer, klein gehackt

Pfeffer

1. Backofen auf 180 °C Umluft (200 °C Ober-/Unterhitze) vorheizen. Heißes Wasser für die Reisnudeln zum Kochen bringen und Nudeln nach Packungsanleitung zubereiten. Nudeln abgießen, mit kaltem Wasser abschrecken, gut abtropfen lassen und mit dem Eiweiß vermengen. Etwas salzen. Reisnudeln kreisförmig auf ein mit Backpapier belegtes Blech legen und im vorgeheizten Ofen ca. 10–15 Minuten backen bzw. bis die Nudeln etwas bräunlich werden.

2. In der Zwischenzeit für die Sauce Knoblauch schälen. Mit Paprika und Chili mit einem Pürierstab pürieren. Alles in einen Topf geben, 250 ml Wasser, Essig und Kokosblütenzucker hinzugeben und aufkochen. Auf niedriger Stufe köcheln lassen bis die Sauce eindickt.

3. Frühlingszwiebel waschen und schräg in feine Ringe schneiden. Mango halbieren und in feine Würfel schneiden. Karotten waschen und mit einem Sparschäler feine Raspeln schälen. Rapsöl in einer Pfanne erhitzen und Seiden-Austernpilze darin 4–5 Minuten scharf anbraten, salzen. Koriander waschen, trockenschütteln und fein hacken. Chilischote fein hacken.

4. Tamari bzw. Sojasauce mit zwei Dritteln des Korianders und der Chilischote vermengen. Mungobohnensprossen waschen und trockenschütteln. Reisnudeln aus dem Ofen nehmen, Sauce gleichmäßig darauf verteilen und mit Karottenraspeln, Seiden-Austernpilzen, Mungobohnensprossen, Frühlingszwiebeln, Mangostücken, pochiertem Hühnchen, Ingwer und restlichem Koriander belegen. Pizza nach Belieben pfeffern und mit Sojasauce servieren.

Tipp: Mit Erdnussbutter verfeinern.

LF **Glutenfrei** *bei Verwendung von Tamari bzw. glutenfreier Sojasauce*

Vegane Variante: *Tofu in Erdnussöl anbraten und mit Sojasauce ablöschen, statt des Hühnchens verwenden*

MEXIKANISCHE TACO-PIZZA

Tacos all day long! Ja, ich mag diesen <u>Teig aus Maismehl</u> *und die Kombi der unterschiedlichsten Füllungen so sehr, dass ich Tacos den ganzen Tag und jeden Tag essen könnte. Deshalb musste auch eine Taco-Pizza ins Buch. ¡Ay, caramba!*

 ZZ: 30 MINUTEN

 SF: 30 MINUTEN

ZUTATEN FÜR 2 PERSONEN:

GUACAMOLE:

1 Knoblauchzehe

2 Tomaten

1 Frühlingszwiebel

2 Avocados

Saft einer halben Limette

1 EL Olivenöl

1 Msp. Chilipulver

Salz

Pfeffer

TORTILLA-PIZZA:

4 Kirschtomaten

½ rote Zwiebel

½ Bund Koriander

einige Baby-Spinatblätter

1 rote Spitzpaprika

½ Chilischote nach Belieben

1–2 EL schwarzer Sesam

4 Mais-Tacos

1 Dose Bohnenmus
(Frijoles Refritos, s. Tipp)

150 g Feta

Saft einer Limette

Salz, Pfeffer

1 Schuss Tabascosauce nach Belieben

1–2 EL Olivenöl nach Belieben

1. Knoblauch schälen und fein hacken. Stielansatz der Tomaten keilförmig herausschneiden, die Hälfte der Tomaten in feine Scheiben schneiden und die andere Hälfte würfeln. Frühlingszwiebel in sehr feine Scheiben schneiden.

2. Avocados halbieren, Kern entfernen, Fruchtfleisch mit einem Löffel ausschaben und in eine kleine Schüssel geben. Mit einer Gabel gut zerdrücken, mit Limettensaft sowie Olivenöl gut vermischen, bis eine cremige Masse entsteht. Tomatenwürfel, Chilipulver, Knoblauch und Frühlingzwiebel unterrühren und mit Salz und Pfeffer würzen.

3. Kirschtomaten vierteln. Zwiebel schälen und in feine Ringe schneiden. Koriander waschen, Blätter abzupfen und fein hacken. Spinat waschen und trockenschütteln. Paprika entkernen und in feine Streifen schneiden. Chilischote in feine Ringe schneiden. Sesam in einer Pfanne ohne Fett rösten.

4. Tacos in einer Pfanne ohne Fett auf beiden Seiten kurz erhitzen. Bohnenmus daraufstreichen und Guacamole, Kirschtomaten und Paprikastreifen darauf verteilen. Feta darüber zerbröseln.

5. Sesamkörner, Spinat, Chilischotenringe und Koriander darauf verteilen. Mit Limettensaft und nach Belieben mit etwas Salz und Pfeffer würzen und mit Tabasco-Sauce und/oder Olivenöl beträufeln.

Tipp: Wer keine Frijoles Refritos bekommt: einfach eine Dose Kidneybohnen abgießen und die Bohnen mit etwas Salz und Olivenöl und nach Belieben mit etwas Tabasco mit einem Pürierstab zu einem cremigen Mus mixen.

 GF

 VEG

Tipp: Smørrebrød schmeckt auch mit hartgekochten Eiern oder Sprossen sehr gut. Der Fantasie sind keine Grenzen gesetzt beim Entwickeln von Varianten!

To go: Pumpernickel und Belag getrennt mitnehmen.

SKANDINAVISCHE SMØRREBRØD-PIZZA

Kennen und lieben gelernt habe ich Smørrebrød während meines Praktikums in Kopenhagen. Die Dänen essen es meist zu Mittag – mit Messer und Gabel. Grundlage ist Schwarzbrot, das nach Belieben belegt wird. Auf rundem Pumpernickel erinnert mich Smørrebrød an eine Art nordische Pizza.

 ZZ: PRO SMØRREBRØD
5 MINUTEN

SF: 5 MINUTEN

ZUTATEN FÜR 8 SMØRREBRØD:

8 runde Scheiben Pumpernickel

150 g Crème fraîche

Pumpernickel mit Crème fraîche bestreichen.

AVOCADO & FEIGEN
ZUTATEN FÜR 1 SMØRREBRØD:

½ Avocado, ½ Feige

1 EL weißer und schwarzer Sesam, geröstet

DEKO: essbare Blüten

Avocado schälen und in Scheiben schneiden. Feige vierteln. Avocado und Feigen auf den Pumpernickel legen, mit geröstetem Sesam und Blüten garniert servieren.

VEG

KRABBEN
ZUTATEN FÜR 1 SMØRREBRØD:

10 Krabben, in Olivenöl und Kräutern eingelegt

DEKO: essbare Blüten

Krabben-Mix auf dem Pumpernickel verteilen und mit essbaren Blüten garniert servieren.

MATJES & PREISELBEEREN
ZUTATEN FÜR 1 SMØRREBRØD:

1 Matjesfilet, in Öl und Kräutern eingelegt

2 TL Preiselbeer-Marmelade

DEKO: essbare Blüten

Matjesfilets vierteln, auf den Pumpernickel legen, Preiselbeer-Marmelade dazugeben. Mit essbaren Blüten garniert servieren.

GERÄUCHERTER LACHS & KAPERN
ZUTATEN FÜR 1 SMØRREBRØD:

etwas Rotkohl oder Rote-Zwiebel-Scheiben

100 g geräucherter Lachs, 1 EL Kapern

etwas Rucola, frisch geriebener Meerrettich

DEKO: Thymian

Rotkohl, Lachs sowie Kapern auf den Pumpernickel legen. Meerrettich darüberreiben, mit Rucola und Thymian garniert servieren.

GERÄUCHERTER SEESAIBLING & RADICCHIO
ZUTATEN FÜR 1 SMØRREBRØD:

100 g geräuchertes Saiblingsfilet

2–3 Blätter Radicchio, etwas Dill

DEKO: essbare Blüten

Pumpernickel mit Crème fraîche bestreichen. Saiblingsfilet vierteln und mit dem Radicchio auf den Pumpernickel legen. Mit Dill und essbaren Blüten garniert servieren.

ERDBEEREN & KRESSE
ZUTATEN FÜR 1 SMØRREBRØD:

3 Erdbeeren, etwas Kresse, Pfeffer

DEKO: essbare Blüten

Erdbeeren vierteln und auf den Pumpernickel legen. Mit Kresse und essbaren Blüten garniert servieren und mit Pfeffer würzen.

VEG

ROASTBEEF & GURKE
ZUTATEN FÜR 1 SMØRREBRØD:

1 Mini-Gurke, 50 g Roastbeef, Pfeffer

etwas Rucola

Gurke in Scheiben schneiden und auf den Pumpernickel legen. Roastbeef darauflegen, mit Pfeffer würzen und mit Rucola garniert servieren.

RADIESCHEN & KRESSE
ZUTATEN FÜR 1 SMØRREBRØD:

2 Radieschen, Pfeffer, etwas Kresse

DEKO: essbare Blüten

Radieschen in Scheiben schneiden und auf den Pumpernickel legen. Mit Pfeffer würzen und mit Kresse und essbaren Blüten garniert servieren.

VEG

Glutenfreie Variante: *glutenfreies Brot verwenden*

PERUANISCHE CEVICHE-PIZZA

Ceviche hat es mir angetan. Ich mag rohen Fisch und die Kombination mit der Limette macht diese peruanische Variante zu einem Traum. Ceviche passt immer. Zum Mittag- und Abendessen, zwischendurch, als Mitternachtssnack oder Katerfrühstück. Meine Ceviche-Pizza kombiniert diese Köstlichkeit mit Tacos.

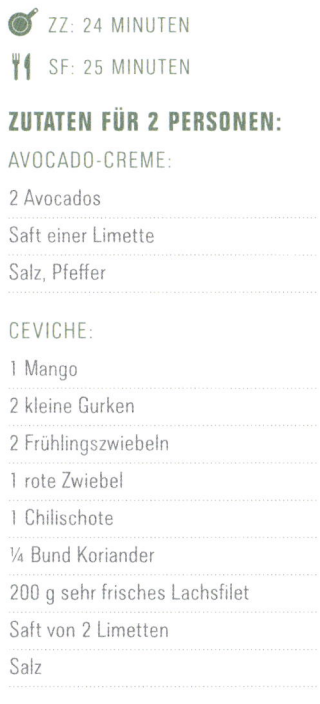

ZZ: 24 MINUTEN

SF: 25 MINUTEN

ZUTATEN FÜR 2 PERSONEN:

AVOCADO-CREME:

2 Avocados

Saft einer Limette

Salz, Pfeffer

CEVICHE:

1 Mango

2 kleine Gurken

2 Frühlingszwiebeln

1 rote Zwiebel

1 Chilischote

¼ Bund Koriander

200 g sehr frisches Lachsfilet

Saft von 2 Limetten

Salz

4 Mais-Tacos

1. Avocados entkernen und Fruchtfleisch in eine Schüssel geben. Mit einer Gabel zerdrücken und mit Limettensaft, Salz und Pfeffer marinieren.

2. Mango schälen, Fruchtfleisch vom Stein entfernen und in ca. 0,5 cm große Würfel schneiden. Gurken in kleine Würfel schneiden. Frühlingszwiebeln in sehr feine Scheiben schneiden. Zwiebel halbieren und in sehr feine Scheiben schneiden. Chilischote längs halbieren, entkernen und in sehr feine Scheiben schneiden. Korianderblätter abzupfen und fein hacken. Alles in eine Schüssel geben.

3. Lachsfilet in sehr dünne Scheiben schneiden und mit Limettensaft beträufeln. Lachs zu den restlichen Zutaten in die Schüssel geben, salzen und vorsichtig miteinander vermischen.

4. Tacos in der Pfanne ohne Fett beidseitig kurz anrösten, Ceviche darauf verteilen und servieren.

GF   LF

ITALIENISCHE FRITTATA

Ich finde, Frittata ist definitiv eine Verwandte der Pizza. Der Unterschied zum Original? Man kann nicht mehr als ein Stück oder zwei essen, da sie viele Eier enthält und deshalb sehr sättigt. Am besten also für mehrere Personen oder auf Vorrat zubereiten.

ZZ: 40 MINUTEN

SF: 40 MINUTEN

ZUTATEN FÜR 4 PERSONEN:

2 Knoblauchzehen

3 Frühlingszwiebeln

450 g Spinat, frisch oder TK

2 EL Rapsöl

Salz, Pfeffer

Saft einer halben Zitrone

10 Eier

200 g Feta

½ Bund Petersilie

frischer Oregano

Basilikumblätter

2 Rispentomaten

280 g Mozzarella, gerieben

80 g Kalamata-Oliven

½ TL Chiliflocken

1. Backofen auf 210 °C Umluft (230 °C Ober-/Unterhitze) vorheizen. Knoblauch schälen und fein hacken. Frühlingszwiebeln waschen und fein hacken. Spinat waschen und trockenschütteln (oder TK-Spinat etwas ausdrücken).

2. In einer ofenfesten Pfanne Rapsöl erhitzen und Knoblauch sowie das Weiß der Frühlingszwiebeln darin anschwitzen. Spinat hinzugeben und für ca. 2–3 Minuten mitdünsten. Mit Salz und Pfeffer würzen und Zitronensaft hinzugeben. Pfanne vom Herd nehmen und die Mischung etwas kühlen lassen.

3. In eine Rührschüssel Eier aufschlagen und mit einer Gabel verquirlen. Salz, Pfeffer, zerbröselten Feta und die Spinat-Mischung unterrühren.

4. Eiermasse in die Pfanne gießen und zum Stocken bringen. Pfanne in den vorgeheizten Ofen stellen und die Masse ca. 10–12 Minuten weiter stocken lassen. Petersilie waschen, trockenschütteln und fein hacken. Oregano und Basilikum waschen, trockenschütteln und Blätter abzupfen. Tomaten waschen, Stielansatz keilförmig herausschneiden und Tomaten würfeln.

5. Frittata aus dem Ofen nehmen und Tomaten, Mozzarella, Oliven, das Grün der Frühlingszwiebeln und Oregano darüber verteilen. Frittata wieder zurück in den Ofen geben und weitere 10–12 Minuten backen. Frittata aus dem Ofen nehmen und etwas abkühlen lassen. Chiliflocken, Petersilie und Basilikum darüber geben und servieren.

Tipp: Schmeckt auch am nächsten Tag sehr gut.

To go: Lässt sich gut aufwärmen.

GF   VEG

ORIENTALISCHE FALAFEL-PIZZA

Statt aus Falafel-Masse Bällchen zu formen, einfach einen runden Pizzaboden machen und ab in den Ofen! So gelingt der Grundteig für meine Falafel-Pizza im Handumdrehen. Mit orientalischen Zutaten wie Granatapfelkernen, Schafkäse & Co belegen – fertig ist der orientalische Pizza-Genuss.

ZZ: 55 MINUTEN

SF: 55 MINUTEN

ZUTATEN FÜR 2 PERSONEN:

FALAFELTEIG:

3 Knoblauchzehen

2 Frühlingszwiebeln

2 Karotten

2 Dosen Kichererbsen à 240 g Abtropfgewicht

2 Eier

ca. 10 EL Semmelbrösel

1 ½ TL gemahlener Kreuzkümmel

3 EL Olivenöl

Salz, Pfeffer

BELAG:

½ Granatapfel

100 g Kirschtomaten

1 Mini-Gurke

1 Handvoll Minze

½ Bund Petersilie

100 g Kalamata-Oliven

1 Frühlingszwiebel

150 g Feta

100 g Hummus (s. S. 160)

Salz, Pfeffer

1-2 Feigen

1. Backofen auf 220 °C Ober-/Unterhitze (200 °C Umluft) vorheizen. Für den Falafelteig Knoblauch schälen und fein hacken. Frühlingzwiebeln in sehr feine Scheiben schneiden und anschließend klein hacken. Karotten schälen und mit einer Reibe fein reiben. Kichererbsen abgießen und in eine Schüssel geben. Mit einem Stabmixer oder einer Gabel zu einer glatten Masse zerstampfen. Eier, Semmelbrösel, Frühlingszwiebeln, Kreuzkümmel, Karotten und Knoblauch hinzugeben. Mit Salz und Pfeffer würzen und alles gut verrühren. Etwa 5 Minuten ziehen lassen. Kreisförmig auf ein mit Backpapier belegtes Blech streichen. Im vorgeheizten Ofen ca. 20 Minuten goldbraun backen.

2. In der Zwischenzeit Granatapfel halbieren und entkernen. Kirschtomaten halbieren. Gurke in Scheiben schneiden. Minze und Petersilie waschen, Blätter abzupfen und beides fein hacken. Oliven abgießen. Frühlingszwiebeln quer in feine Scheiben schneiden. Feta zerbröseln.

3. Teig aus dem Ofen nehmen und mit Hummus bestreichen. Mit Kirschtomaten, Oliven, Granatapfelkernen, Frühlingszwiebeln, Gurkenscheiben, zerbröseltem Feta, Minze und Petersilie belegen. Mit Salz und Pfeffer würzen, mit geviertelten Feigen dekoriert servieren.

Tipp: Wenn es schnell gehen soll, fertig gekauften Falafelteig verwenden. Dazu schmeckt griechischer Joghurt.

HAWAIIANISCHE POKE-REIS-PIZZA

ALOHA! Hawaii steht ganz oben bei meinen Traumdestinationen. Die Insel Kauai und vor allem der Na Pali Coast State Park haben es mir angetan. In Hawaii habe ich fast täglich Poke, einen rohen Fischsalat, gegessen. In einer Schale mit Reis serviert, nennt er sich Poke-Bowl. Den Reis verwende ich als Grundlage für meine Poke-Pizza.

 ZZ: 35 MINUTEN

 SF: 35 MINUTEN

ZUTATEN FÜR 2 PERSONEN:

Salz

2 Tassen japanischer Sushi-Reis

½ Mango

2 Frühlingszwiebeln

2 Radieschen

100 g TK-Sojabohnen

1 Avocado

2 EL schwarzer Sesam

½ Bund Koriander

150 g sehr frisches Lachsfilet

150 g sehr frisches Thunfischfilet

10 EL Tamari oder Sojasauce

2 EL Erdnussöl

1. Einen Topf mit leicht gesalzenem Wasser für den Reis aufsetzen (siehe Tipp). Reis waschen, bis das Wasser klar abläuft. Reis in das Wasser geben, kurz aufkochen lassen und Hitze reduzieren. Mit geschlossenem Deckel bei niedriger Hitze weiterkochen, bis das Wasser vollständig aufgesogen ist (ca. 12 Minuten). Anschließend während der weiteren Zubereitung des Rezepts stehen lassen.

2. Mango halbieren und in Würfel schneiden. Frühlingszwiebeln und Radieschen waschen und in sehr feine Scheiben schneiden. Sojabohnen 3 Minuten blanchieren. Avocado halbieren, entkernen und in kleine Würfel schneiden. Sesam in einer Pfanne ohne Fett rösten. Koriander waschen, trockenschütteln, Blätter abzupfen und fein hacken.

3. Fisch in 1,5 cm große Würfel schneiden und mit Tamari oder Sojasauce und den gehackten Frühlingszwiebeln marinieren. Koriander, Sojabohnen, Avocado und Mango unterrühren und alles gut marinieren.

4. Aus dem Reis kleine Kugeln formen. Öl in einer Pfanne erhitzen, Reiskugeln einlegen, mit einem Pfannenwender flach drücken und beidseitig ca. 6 Minuten anbraten, bis sie leicht bräunlich und knusprig werden.

5. Reis-Laibchen mit Radieschen-Scheiben belegen und die marinierte Fisch-Mischung darübergeben. Mit schwarzem Sesam garniert servieren.

Tipps: Als Faustregel gilt hier, dass auf eine Tasse Reis zwei Tassen Wasser kommen. Falls der Reis nicht genügend zusammenklebt, etwas Reismehl untermengen.

Glutenfrei *bei Verwendung von Tamari bzw. glutenfreier Sojasauce*

LF

QUINOA-PIZZA AL FUNGHI
MIT BÜFFELMOZZARELLA

Meine Lieblingsvariante des italienischen Klassikers: Pizza al funghi. Anstelle des klassischen Weizenmehlteigs habe ich Quinoa gewählt. Schmeckt lecker wie das Original, punktet aber mit mehr Nährstoffen und erinnert genauso an Italien-Urlaub.

 ZZ: 20 MINUTEN
(+ 6 H EINWEICHZEIT)

 SF: 45 MINUTEN

ZUTATEN FÜR 2 PERSONEN:

GRUNDREZEPT QUINOATEIG
(s. S. 156)

150 g Champignons

125 g Büffelmozzarella

ca.150 ml Tomatensauce (s. S. 161)

Salz, Pfeffer

50 g Kalamata-Oliven

1 Handvoll Basilikumblätter

1. Backofen vorheizen und Quinoateig nach Rezept zubereiten. Teig in den vorgeheizten Ofen geben und 10 Minuten vor Backende aus dem Ofen nehmen.

2. In der Zwischenzeit Champignons in feine Scheiben schneiden. Mozzarella in Scheiben schneiden.

3. Tomatensauce gleichmäßig auf der Pizza verteilen und mit Salz und Pfeffer würzen. Champignons, Oliven und Büffelmozzarella darauf verteilen.

4. Pizza in den vorgeheizten Ofen auf die mittlere Schiene geben und ca. 15 Minuten fertig backen, bis der Mozzarella geschmolzen ist. Mit Basilikum dekoriert servieren, bei Bedarf noch etwas salzen.

 To go: Schmeckt auch kalt und lässt sich gut aufwärmen.

Glutenfrei *bei Verwendung von glutenfreiem Backpulver* **VEG**

ALLE AN EINEM TISCH

Was ist geselliger als Essen? Geschmack ist einer unserer fünf Sinne, gleichzeitig ist er aber auch ein wunderbarer sozialer Sinn. Ausgesprochen gesellschaftsbezogen. Was wären Geburtstag, Weihnachten, ein Wiedersehen oder eine Hochzeit ohne gedeckten Tisch oder einladende Festtafel mit Familie und Freunden. Auch Geschäfte werden weltweit beim Lunch oder Dinner besprochen. Gemeinsames Essen und Trinken ist zentraler Bestandteil jeder Tischrunde.

Ich liebe Essen in Gesellschaft und Pizza ist eines der geselligsten Gerichte, die ich kenne. Pizza kann man nicht nur besonders gut teilen, die verschiedenen Sorten lassen sich auch ganz unkompliziert ausprobieren. Selbstgemacht, kann man sie zudem nach Lust und Laune Stück für Stück oder im Ganzen individuell belegen. Alle können mithelfen und ihrer Fantasie freien Lauf lassen.

So lässt sich von vegan bis vegetarisch, von Fleisch bis Fisch und Meeresfrüchten, mit oder ohne Käse, typisch mit Oregano oder anderen Kräutern und Gewürzen die beliebteste Variante zubereiten. Das alles funktioniert gemeinsam und ermöglicht gleichzeitig, die verschiedensten individuellen Wünsche zu erfüllen. Jede und jeder belegt sein Stück oder seine kleinere oder größere Pizza nach Herzenslust, mit Rücksicht auf Unverträglichkeiten und Geschmack. Man ist gemeinsam kreativ, tauscht sich aus und beflügelt sich gegenseitig. Ja, manchmal wird es sogar ein kleiner, spannender Wettbewerb! So gestaltet sich schon das Zubereiten als geselliges Erlebnis.

GEMEINSAM UND GANZ INDIVIDUELL

Sobald das Werk gelungen ist, folgt das gemeinsame Genießen. Gemeinsam essen verdoppelt die Freude am guten Essen, es lässt den Genuss bewusster werden. Pizza ist ein ideales Essen für kleine und große Runden. Je nach Wunsch und zugeschnitten auf persönliche Vorlieben kann die passende Pizza in einer Art Baukasten-Prinzip kreiert werden. Vom Kind bis zum Senior. Das macht Laune und Neugierde, auszuprobieren, wie die Pizzen der anderen schmecken, schlichte, pikante, scharfe oder raffiniert komponierte Varianten zu testen und Neues zu entdecken. Nach dem Motto: Pizza bringt alle gemeinsam an einen Tisch.

Als Kind habe ich es geliebt, wenn Mama uns ein Stück Teig zum Auswalken gab und wir uns unsere eigene Pizza backen und belegen durften. Die Form war dabei genauso speziell wie das Belegen. Meine Lieblingssorte war Pizza funghi, mit Champignons. Mein Bruder hingegen bevorzugte die etwas deftigere Version mit Salami.

Später dann, bei DVD-Abenden mit Freunden, haben wir immer möglichst viele verschiedene Pizzen bestellt. So war für alle etwas Passendes dabei und jeder probierte sich Stück für Stück durch die Pizzavielfalt. Dabei wurde heiß diskutiert, welche Sorte am besten schmeckt.

MIT GÄSTEN GENIESSEN

Pizza eignet sich besonders gut, wenn mehrere Gäste kommen. Nicht nur beim Kinder-Geburtstag ist Pizza deshalb ein Hit. Ein volles Ofenblech ergibt viele Stücke. Besonders praktisch, dass man gleichzeitig zwei Lagen – oder im echten Steinofen sogar eine ganze Reihe Pizzen gleichzeitig backen kann.

Ich mag kommunikatives Essen, und was gibt's Schöneres, als am Prozess der Zubereitung beteiligt zu sein. Zum Beispiel auf einer Pizza-Party mit Freunden: Die Teige sind vorbereitet und auf dem Tisch warten die verschiedensten Zutaten zum Belegen. Ergebnis? Ein individuelles Pizza-Kunstwerk!

Zum Verfeinern gibt es Knoblauchöl, aromatische Kräuter und Gewürze, Chili oder Sambal Oelek, die jeder Pizza das „gewisse Etwas" bringen. Inspiriert? – Dann nichts wie „auf die Plätze, fertig – Pizza!"

Salat-Pizza

Salat auf der Pizza, Salat als Pizza
und Pizza aus Salat:
köstlich, kreativ und gesund.

FLADEN-PIZZA MIT PARADIESSALAT

Knuspriges Brot, erfrischender Salat, cremiger Kartoffelsalat, knackige Radieschen. Diese gesunde Pizza schmeckt „paradiesisch" und ist ideal zum Mittagessen. Lass es dir schmecken!

 ZZ: 40 MINUTEN

SF: 40 MINUTEN

ZUTATEN FÜR 2 PERSONEN:

KARTOFFELSALAT:

Salz

4 festkochende Kartoffeln

1 Avocado

Saft einer halben Zitrone

1 rote Zwiebel

1 Gemüsesuppenwürfel

2 EL Kräuteressig

1 TL Honig

1 TL Senf

3 EL Olivenöl

Pfeffer

½ Bund Radieschen

SONSTIGE ZUTATEN:

2 Feigen

½ Salatgurke

4 Blätter Variegata di Castelfranco (Chicorée)

1 kleiner roter Radicchio

1 Handvoll Feldsalat

2 Fladenbrote

8 EL Hummus (s. S. 160)

1 EL schwarzer Sesam

1 EL weißer Sesam

Kresse

Salz, Pfeffer

1. Leicht gesalzenes Wasser für die Kartoffeln zum Kochen bringen. Kartoffeln schälen, abspülen (je nach Größe evtl. halbieren) und in das kochende Wasser geben. Ca. 20–30 Minuten bissfest kochen.

2. In der Zwischenzeit Avocado halbieren, Stein herauslösen, mit einem Löffel das Fruchtfleisch herauslöffeln und evtl. kleiner schneiden. Fruchtfleisch mit etwas Zitronensaft beträufeln und salzen.

3. Zwiebel schälen und sehr fein hacken. 150–200 ml Wasser für die Gemüsebrühe zum Kochen bringen und Gemüsesuppenwürfel darin auflösen. Für den Sud die Hälfte des Essigs sowie Zwiebelwürfel zur Gemüsebrühe hinzugeben und das Ganze kurz aufkochen lassen. Honig und Senf mit einem Schneebesen einrühren.

4. Kartoffeln abgießen und etwas abkühlen lassen. Kartoffeln in Scheiben schneiden und in eine Salatschüssel geben. Mit dem Sud aufgießen. Avocado mit dem restlichen Essig, Olivenöl, Salz und Pfeffer in einer Schüssel verrühren.

5. Radieschen waschen und vierteln. Avocado und Radieschen unter den Kartoffelsalat mischen.

6. Feigen in Scheiben schneiden. Gurke waschen und in Scheiben schneiden. Chicorée, Radicchio und Feldsalat waschen und trockenschütteln.

7. Fladenbrote etwas toasten und mit Hummus bestreichen. Chicorée, Radicchio und Feldsalat darüber geben. Kartoffelsalat darüber verteilen, Feigen darauflegen und mit schwarzem und weißem Sesam und Kresse garniert servieren. Bei Bedarf mit Salz und Pfeffer würzen.

Tipps: Man kann die Avocado und Radieschen auch separat mit Hummus statt Kartoffelsalat auf den Fladen geben.

VEG **LF**

Vegane Variante: *Ahornsirup statt Honig nehmen, veganes Brot verwenden*

WASSERMELONEN-PIZZA

Wassermelone in Scheiben aufschneiden, in dreieckige Stücke schneiden und schon hat man eine sommerlich, erfrischende Pizza. Feta und Oliven darauf, etwas Balsamicoessig und die Vorspeise für die Sommerparty ist perfekt.

 ZZ: 10 MINUTEN

SF: 10 MINUTEN

ZUTATEN FÜR 2 PERSONEN:

1 Handvoll Pekannüsse

2 Scheiben Wassermelone

150 g Feta

2 Handvoll schwarze Oliven ohne Kern

Minze zum Dekorieren

einige Spritzer Crema con Aceto Balsamico

Pfeffer nach Belieben

1. Pekannüsse in einer Pfanne ohne Fett rösten.

2. Wassermelonen-Scheiben jeweils mit der Hälfte des Schafskäses, der Oliven und der Pekannüsse belegen.

3. Mit Minze garnieren, mit Crema con Aceto Balsamico beträufeln und mit Pfeffer nach Belieben würzen.

To go: Lässt sich gut in der Mittagspause zubereiten.

 GF VEG

WRAP-PIZZA
MIT MAROKKANISCHEM SALAT

So schmeckt Marokko-Urlaub auf einem Teller. *Feine Gewürze in Kombination mit Kichererbsen und süßen Zutaten machen diesen Salat rund. Auf dem Wrap kann der Salat wie eine Pizza genossen werden.*

🍳 ZZ: 35 MINUTEN

🍴 SF: 35 MINUTEN

ZUTATEN FÜR 2 PERSONEN:

240 g Lammfleisch

1 TL Kreuzkümmel

½ TL Zimt

2 Knoblauchzehen

1 Msp. Chilipulver

1 TL gemahlene Koriandersamen

2 EL Olivenöl

4 Karotten

ca. 250 g Kichererbsen aus der Dose

4 EL Mandeln

½ Granatapfel

½ Bund Minze

2 EL Cranberrys

150 g Feta

je 1 EL schwarzer u. weißer Sesam

Salz, Pfeffer

4 Vollkorn-Wraps

2 EL Rapsöl

DRESSING:

20 g frischer Ingwer

1 Knoblauchzehe

1 TL Paprika, edelsüß

½ TL Kreuzkümmel

½ TL Zimt

Saft je einer Orange u. Zitrone

125 ml Olivenöl

Salz, Pfeffer

1. Lammfleisch waschen, trockentupfen und in ca. 1 cm große Würfel schneiden. In einer Schüssel mit Kreuzkümmel, Zimt, gehackten Knoblauchzehen, Chilipulver, Koriandersamen sowie Olivenöl für ca. 10 Minuten marinieren.

2. In der Zwischenzeit Karotten in 0,3 cm dicke Ringe schneiden. Kichererbsen abgießen und mit den Karottenscheiben in eine Schüssel geben. Mandeln hacken. Granatapfel halbieren und Kerne auslösen. Minze waschen, trockenschütteln und klein hacken. Mit Cranberrys und Mandeln zu den Karotten und Kichererbsen geben. Feta darüber zerbröseln.

3. Sesam in einer Pfanne ohne Fett rösten. Backofen auf 200 °C Umluft (220 °C Ober-/Unterhitze) vorheizen.

4. Für das Dressing Ingwer und Knoblauch hacken. Alle Zutaten in einer Schüssel verrühren. Dressing über den Salat geben. Salat mit Salz und Pfeffer würzen.

5. Wraps in Alufolie wickeln und im vorgeheizten Ofen 5–10 Minuten erwärmen. Rapsöl in einer Pfanne erhitzen und das marinierte Lammfleisch darin rundum anbraten.

6. Lamm unter den Salat mengen. Wraps aus dem Ofen nehmen und Salat-Fleisch-Mischung darauf verteilen. Mit Sesam bestreuen.

Tipps: Mit Joghurt beträufeln.

To go: Lammfleisch, Salat und Wraps getrennt transportieren; Wraps erwärmen und füllen.

SALAT-HÜHNCHEN-PIZZA

Lass deiner Fantasie freien Lauf – alles kann und darf Pizza sein. Auch Salatblätter, die die Form eines Pizzastücks haben. Wenn ich Pizza esse, klappe ich das Stück meist zusammen und nehme einen großen Bissen – bei dieser Pizza geht das besonders gut: Salatblatt umklappen oder einrollen und abbeißen – so kommen alle Zutaten richtig zur Geltung.

 ZZ: 30 MINUTEN

 SF: 30 MINUTEN

ZUTATEN FÜR 2 PERSONEN:

240 g Hühnchenfilet

1 TL Paprikapulver, edelsüß

1 TL gemahlener Kreuzkümmel

½ TL Chilipulver

1 TL Honig

2 EL Erdnussöl

7–8 Romana-Salatblätter

1 Limette

100 g Kirschtomaten

1 Avocado

1 Chilischote

1 Frühlingszwiebel

1 EL Rapsöl

Salz, Pfeffer

ERDNUSSSAUCE:

40 g geröstete Erdnüsse

1 EL gelbe Currypaste

2 EL Tamari oder Sojasauce

Saft einer halben Limette

1 TL Erdnussöl

ca. 180 ml Kokosmilch

1 TL Kokosblütenzucker

Salz

1. Hühnchenfilet waschen, trockentupfen und in mundgerechte Stücke schneiden. In einer Schüssel mit Paprikapulver, Kreuzkümmel, Chilipulver, Honig und Erdnussöl vermengen und mind. 5 Minuten darin marinieren.

2. Für die Erdnusssauce Erdnüsse sehr klein hacken und in einen Topf geben. Currypaste, Sojasauce, Limettensaft, Erdnussöl, 2 EL Wasser sowie Kokosmilch hinzugeben und alles gut verrühren. Mit Zucker und Salz abschmecken und bei mittlerer Hitze ca. 10 Minuten köcheln.

3. Salat waschen und trockenschleudern. Limette achteln. Kirschtomaten halbieren. Avocado halbieren, entkernen und in Scheiben schneiden. Chilischote und Frühlingszwiebel in feine Streifen schneiden.

4. Rapsöl in einer Pfanne erhitzen und Hühnchen darin rundum anbraten. Erdnusssauce auf die Salatblätter verteilen, Hühnchen, Kirschtomaten, Frühlingszwiebel, Avocado und Chilischote darüber verteilen. Nach Belieben mit Salz und Pfeffer würzen.

Glutenfrei *bei Verwendung von Tamari bzw. glutenfreier Sojasauce*

BUCHWEIZEN-CRUST-PIZZA MIT GEGRILLTEN PFIRSICHEN & GRÜNEM SALAT

Diese Pizza eignet sich sehr gut auch für Picknicks. Einfach am Vorabend oder am Morgen den knusprigen Teig zubereiten, Salatzutaten getrennt einpacken und vor Ort auf dem Teig anrichten. Üblicherweise essen wir Brot zum Salat – warum also nicht gleich das „Brot" als Unterlage und in Kombination genießen!

 ZZ: 20 MINUTEN
(+ 45 MINUTEN GEHZEIT)

SF: 25 MINUTEN

ZUTATEN FÜR 2 PERSONEN:
GRUNDREZEPT FLAMMKUCHEN
(s. S. 159)

1 großer Pfirsich

1 Avocado

1 EL Butter

1 EL Honig

1 Frühlingszwiebel

12 Blätter Frisée-Salat

1 Handvoll Rucola

2 EL Pinienkerne

ca. 12 EL grünes Pesto (s. S. 160)

1 Schuss Crema con Aceto Balsamico

essbare Blüten für die Deko
nach Belieben

1 TL Chiliflocken nach Belieben

1. Backofen vorheizen. Teig lauf Grundrezept zubereiten, in den vorgeheizten Ofen geben.

2. In der Zwischenzeit Pfirsich waschen, entkernen und in feine Scheiben schneiden. Avocado halbieren, entkernen und in Scheiben schneiden. Butter in einer Pfanne zergehen lassen, Honig hinzugeben und karamellisieren lassen. Pfirsichscheiben hinzugeben und ca. 3–4 Minuten anbraten.

3. Frühlingszwiebel waschen und in feine Scheiben schneiden. Frisée und Rucola waschen und trockenschütteln. Pinienkerne ohne Fett in einer Pfanne rösten.

4. Teig aus dem Ofen nehmen, etwas abkühlen lassen und mit dem Pesto bestreichen. Frisée-Salat auf dem Pesto verteilen. Pfirsich- und Avocadoscheiben darauf verteilen. Mit Frühlingszwiebel, Pinienkernen und nach Belieben mit essbaren Blüten garniert servieren und mit Crema con Aceto Balsamico beträufeln. Nach Belieben mit Chiliflocken bestreuen.

Tipp: Zu dieser Pizza passt Hühnchen sehr gut. Am besten mit Kurkuma, Salz und Pfeffer würzen und in etwas Rapsöl rundum anbraten.

GF   VEG

Dessert-Pizza

Süße Pizza? Ja, unbedingt! Saftige Früchte und Beeren, knackige Nüsse und feiner Kakao machen süße Pizzen zum essbaren Glück.

KOKOS-MANDEL-PIZZA MIT BUNTEN FRÜCHTEN

Mürber Kokos-Teig trifft auf cremige Kokoscreme, dazu erfrischende bunte Früchte mit vielen Vitaminen: Schmeckt nicht nur als Dessert, sondern auch als Snack zwischendurch oder zum Frühstück. Kokosnüsse sind voller Antioxidantien und unterstützen unseren Körper beim Wachstum von Muskeln.

 ZZ: 25 MINUTEN

 SF: 25 MINUTEN

ZUTATEN FÜR 2 PERSONEN:

TEIG:

120 g Kokosnussmehl

30 g Maisstärke

1 Prise Salz

35 g Honig oder Ahornsirup

50 g Kokosöl

1 Ei

3-4 EL Mandelmilch oder andere pflanzliche Milch

Mark einer Vanilleschote

KOKOSCREME:

ca. 250 ml Kokosmilch

ca. 80 g Kokosflocken

BELAG:

1 Kiwi

½ Mango

150 g frische Ananas, geschnitten

50 g Erdbeeren

80g Himbeeren

80 g Brombeeren

80 g Heidelbeeren

DEKO:

essbare Blüten

1-2 EL schwarzer Sesam, geröstet

1. Backofen auf 180 °C Umluft (200 °C Ober-/Unterhitze) vorheizen. Kokosnussmehl, Maisstärke und Salz in einer Backschüssel vermengen. Honig oder Ahornsirup, Kokosöl, Ei, Mandelmilch und Vanillemark hinzugeben und gut verrühren. Masse rund auf ein mit Backpapier belegtes Blech geben und im vorgeheizten Ofen ca. 8–10 Minuten hellbraun backen.

2. In der Zwischenzeit das Feste der Kokosmilch mit den Kokosflocken verrühren, so dass eine cremige feste Masse entsteht. Bei Bedarf etwas mehr Kokosflocken verwenden.

3. Kiwi schälen und in Scheiben schneiden. Mango schälen und in Würfel schneiden. Teig aus dem Ofen nehmen, etwas abkühlen lassen, Kokoscreme gleichmäßig darauf verteilen und Früchte und Beeren darauf dekorativ anrichten. Mit essbaren Blüten und geröstetem schwarzem Sesam garniert servieren.

 Saisonal: Statt frischen Beeren passen auch TK-Beeren, Granatapfelkerne oder Mandarinenscheiben sehr gut.

GF LF **Vegan** *bei Verwendung von Ahornsirup statt Honig*

SCHOKOLADEN-COOKIE-PIZZA

Diese Cookie-Pizza beinhaltet eine Geheimzutat – Bohnen. Durch die Bohnen wird der Teig wunderbar „chewy" und bekommt seine besondere Konsistenz. Das ist Schokoladen-Cookie-Pizza ohne Reue.

 ZZ: 15 MINUTEN

SF: 30-35 MINUTEN

ZUTATEN FÜR 1 PIZZA:

ca. 250 g Kidneybohnen aus der Dose (Abtropfgewicht)

2 EL Kokosöl

4 EL Erdnussmus

120 ml Ahornsirup

1 Espresso nach Belieben

4 EL roher Kakao

3 EL Reismehl oder Kokosnussmehl

1 Pkg. Backpulver

½ TL Zimt

1 Prise Salz

TOPPING:

1 Handvoll Haselnüsse

1 EL Kokosblütenzucker

2 EL Kakao-Nibs

1. Backofen auf 180 °C Umluft (200 °C Ober-/Unterhitze) vorheizen. Bohnen abgießen und in einem Sieb abspülen. Bohnen gemeinsam mit Kokosöl, Erdnussmus, Ahornsirup und nach Belieben Espresso in einen Mixer geben.

2. Kakao, Reismehl, Backpulver, Zimt und Salz hinzufügen und gut unterrühren. Masse mit einem Löffel rund auf ein mit Backpapier belegtes Blech streichen.

3. Cookie im vorgeheizten Ofen ca. 15–20 Minuten backen. In der Zwischenzeit für das Topping Haselnüsse hacken und ohne Fett in einer Pfanne rösten.

4. Cookie-Pizza aus dem Ofen nehmen, etwas abkühlen lassen und mit Haselnüssen, Kokosblütenzucker und Kakao-Nibs garniert servieren.

Tipp: Schmeckt auch super mit Erdnussmus oder Schokoladen-Bananen-Creme und frischen Beeren.

To go: Lässt sich gut mitnehmen.

ROHE HIMBEER-PIZZA

Diese Dessert-Pizza lässt sich gut vorbereiten und ist ideal, wenn Gäste spontan auf Besuch kommen. Fast wie eine Eistorte, denn sie bleibt bis zu ihrer Verwendung in der Tiefkühltruhe.

 ZZ: 25 MINUTEN

 SF: 1 H 25 MINUTEN

ZUTATEN FÜR 12 STÜCKE:

TEIG:

20 g Kakaobutter (oder Kokosöl)

3 TL Kakao

150 g Mandeln

8 Medjool-Datteln, entkernt

2 TL Kokosblütenzucker

1 Prise Salz

1 EL Kakao-Nibs

TOPPING:

750 g TK-Himbeeren, aufgetaut

250 g Cashewkerne

100 g Kakaobutter, geschmolzen

135 ml Ahornsirup

Mark einer Vanilleschote

2 EL Zitronensaft, frisch gepresst

Himbeeren und essbare Blüten
für die Deko

1. Für die Kakaopaste in einem Topf Kakaobutter schmelzen lassen und Kakao unterrühren. In einer Küchenmaschine Mandeln, Datteln, Kokosblütenzucker, Kakaopaste und Salz zu einem mürben Teig verarbeiten.

2. Kakao-Nibs hinzugeben und einarbeiten. Unterrühren, aber nicht vollkommen vermahlen, denn durch die Kakao-Nibs erhält der Boden eine knusprige Konsistenz.

3. Himbeeren in einem Pürierstab pürieren. Himbeermasse mit Cashewnüssen, Kakaobutter, Ahornsirup, Vanillemark und Zitronensaft in der Küchenmaschine zu einer cremigen Masse verarbeiten.

4. Teig in eine Springform mit 23 cm Durchmessen drücken und die Füllung darüber verteilen. Springform mit der Masse für mind. 1 Stunde ins Tiefkühlfach stellen. Mit frischen Himbeeren und essbaren Blüten dekoriert servieren.

GF   LF   VG

PFIRSICH-BEEREN-KAKAO-PIZZA

Außen mürber Kakao-Teig und innen ein fruchtiges Gedicht: Das ist meine Pfirsich-Beeren-Kakao-Pizza. Pfirsiche sind reich an den Vitaminen A, B1, B2 sowie C und enthalten die Mineralstoffe Kalium, Eisen und Phosphor. Sie stärken nicht nur unser Immunsystem, sondern auch Herz, Kreislauf und Gefäße.

🍳 ZZ: 25 MINUTEN
(+ 30 MINUTEN KÜHLZEIT)

🍴 SF: 1 H 15 MINUTEN

ZUTATEN FÜR 2 PERSONEN:

TEIG:

100 g Buchweizenmehl plus Mehl zum Arbeiten

2 EL Kakao

1 Prise Salz

1 Messerspitze Bourbon-Vanille

50 g Mandelmehl oder geriebene Mandeln

40 g Kokosblütenzucker

40 g Kokosöl

1 Ei

BELAG:

4 Pfirsiche

6 Erdbeeren

einige Himbeeren

einige Brombeeren

DEKO:

Puderzucker

Minze

1. Für den Teig Buchweizenmehl mit Kakao, Salz, Vanille und Mandelmehl in einer Küchenmaschine vermischen. Kokosblütenzucker, Kokosöl und Ei hinzugeben. Nun alles schnell zu einem Teig verarbeiten. Teig zu einer Kugel formen, in Klarsichtfolie wickeln und für ca. 20–30 Minuten in den Kühlschrank stellen.

2. Backofen auf 180 °C Ober-/Unterhitze vorheizen. Pfirsiche entkernen und in dünne Spalten schneiden. Erdbeeren vierteln. Teig auf einer leicht bemehlten Arbeitsfläche ausrollen. Pfirsiche kreisförmig auf den Teig legen, dabei ca. 3 cm Abstand zum Rand lassen. Geviertelte Erdbeeren kreisförmig auflegen und mit den Him- und Brombeeren in der Mitte abschließen.

3. Teigrand in die Mitte über das Obst klappen. Pizza auf ein mit Backpapier belegtes Blech geben. Auf der mittleren Schiene des vorgeheizten Ofens ca. 25 Minuten backen, bis der Teig knusprig ist. Zum Schluss mit Puderzucker bestäuben und lauwarm mit Minze garniert servieren.

Tipp: Mit Vanilleeis servieren.

To go: Lässt sich gut mitnehmen und schmeckt auch kalt.

Saisonal: Schmeckt auch köstlich mit einem Belag aus Apfel und TK-Beeren oder nur Apfel.

 GF LF VEG

RHABARBER-MANDEL-PIZZA MIT MARONEN- UND MANDELMEHL

Rhabarber ist eigentlich ein Gemüse, wird aber gerne für Kuchen und Marmelade verwendet. Ich liebe seinen säuerlichen Geschmack in Kombination mit dem leicht Süßen und Nussigen der Mandeln. In Rhabarber stecken die Vitamine A, B1, B2 sowie besonders viel Vitamin C. Außerdem sind die Mineralstoffe Kalzium, Kalium, Magnesium, Phosphor und Eisen enthalten.

 ZZ: 20 MINUTEN

SF: 65 MINUTEN

ZUTATEN FÜR 12 STÜCKE:

80 g Kokosöl + etwas Kokosöl für die Form

350 g Rhabarber

150 g Kokosblütenzucker

2 Eier

250 g griechischer Joghurt

Zesten einer unbehandelten Zitrone

½ TL Kardamom

Mark einer Vanilleschote

210 g Maronenmehl

50 g Mandelmehl

1 Pkg. Backpulver

½ TL Natron

1 Prise Salz

1 Handvoll Mandelblättchen

1 EL Puderzucker

1. Backofen auf 180 °C Umluft (200 °C Ober-/Unterhitze) vorheizen. Eine backofenfeste Springform (Durchmesser 26 cm) mit Kokosöl ausfetten.

2. Rhabarber waschen und holzige Enden abschneiden. Bei Bedarf etwas schälen. Rhabarberstangen in ca. 7 cm lange Stücke schneiden und diese längs halbieren. Zur Seite stellen.

3. Kokosblütenzucker und Kokosöl in einer Schüssel mit einem Handrührgerät für etwa 2–3 Minuten mixen. Eier nach und nach hinzufügen und einarbeiten. Joghurt, Zitronenzesten, Kardamom und Vanillemark unterrühren.

4. In einer weiteren Schüssel Maronen- und Mandelmehl mit Backpulver, Natron und Salz vermengen. Nach und nach die Mehlmischung zu den anderen Zutaten geben und unterrühren.

5. Etwa die Hälfte der Masse in die vorbereitete Form geben und die Hälfte des Rhabarbers gleichmäßig darauf verteilen. Die restliche Teigmasse daraufgeben und die restlichen Rhabarberstangen darauf verteilen. Ein Drittel der Mandelblättchen auf dem Teig verteilen.

6. Pizza auf der mittleren Schiene des vorgeheizten Ofens für ca. 45–50 Minuten backen. In der Zwischenzeit die restlichen Mandelblättchen ohne Fett anrösten. Pizza aus dem Ofen nehmen, abkühlen lassen und mit gerösteten Mandelblättchen und Puderzucker garniert servieren.

 To go: Lässt sich gut mitnehmen.

MACH'S NOCH LEICHTER

Naturjoghurt statt griechischem Joghurt verwenden

Glutenfrei *bei Verwendung von glutenfreiem Backpulver*

 VEG

POPSICLES-PIZZA

„Sei du selbst. Außer du kannst ein Einhorn sein – dann sei ein Einhorn". Ja, das Fabelwesen aus unserer Kindheit weckt so einige Erinnerungen. Einhörner sind unbesiegbar, heben sich von der Masse ab und stehen für Freiheit. Genau wie die Popsicles-Pizza, die bei jedem Kinder-Geburtstag viel hermacht und auch für Erwachsene ein Augen- und Gaumenschmaus ist.

ZZ: 40 MINUTEN
(OHNE GEFRIERZEIT)

SF: 4 H 40 MINUTEN

ZUTATEN FÜR 8 PIZZA-POPSICLES:

250 g Vanilleeis

4 Rhabarber-Stangen

250 g Erdbeeren

5 EL Kokosblütenzucker

1 Prise Salz

Mark einer Vanilleschote

Saft einer halben Zitrone

CRUMBLES:

160 g Mandelmehl oder geriebene Mandeln

8 EL Kokosblütenzucker

1 Prise Salz

4 EL Kokosöl

8 Holzstiele

1. Eis aus dem Tiefkühlfach nehmen. Rhabarber waschen und Fäden entfernen. Erdbeeren waschen und das Grün entfernen. Erdbeeren und Rhabarber in einen Topf geben und mit Kokosblütenzucker, Salz, Vanillemark und Zitronensaft zum Kochen bringen. Unter ständigem Rühren 10–15 Minuten köcheln. Anschließend mit einem Pürierstab pürieren und abkühlen lassen. Vanilleeis hinzugeben und alles gut verrühren.

2. Eine Kuchenform mit Klarsichtfolie auslegen und die Masse gleichmäßig darin verteilen. Kuchenform mit der Masse für mind. 2 Stunden ins Tiefkühlfach stellen.

3. In der Zwischenzeit für die Crumbles den Backofen auf 200 °C Umluft (220 °C Ober-/Unterhitze) vorheizen. Alle Crumbles-Zutaten in einem Mixer vermengen und so lange mixen, bis Crumbles entstehen. Masse auf ein mit Backpapier belegtes Blech streichen und im vorgeheizten Ofen ca. 10 Minuten rösten. Masse kühlen lassen.

4. Die Kuchenspringform aus dem Tiefkühler nehmen und eine Schüssel, die kleiner als die Springform ist, vorsichtig auf die Masse stellen. Die Hälfte der Crumbles gleichmäßig auf einer Seite rundum verteilen und etwas in die Masse drücken. Springform erneut für ca. 20–30 Minuten in den Tiefkühler geben. Anschließend mit den restlichen Crumbles auf der anderen Seite ebenso vorgehen. Erneut 20–30 Minuten tiefkühlen.

5. Aus dem Tiefkühlfach nehmen und mit einem scharfen Messer 8 Pizza-Stücke schneiden. Holzstiele in das breite Stück stecken.

Tipp: Hält sich tiefgekühlt bis zu zwei Wochen.

Vegane und laktosefreie Variante:
veganes Eis verwenden

QUINOA-PIZZA
MIT AVOCADO-KAKAO-CREME
& WALDBEEREN

Klingt nach Kalorienbombe, ist es aber nicht. Diese Dessertpizza mit ihrem Quinoa-Boden ist sehr eiweißreich und die dunkle Schokoladencreme besteht aus Avocados und Kakao. Dazu ein paar Waldbeeren und der gesunde Genuss ist perfekt.

ZZ: 15 MINUTEN
(+ 6 H EINWEICHZEIT)

SF: 35 MINUTEN

ZUTATEN FÜR 2 PERSONEN:
GRUNDREZEPT QUINOATEIG
(s. S. 156)

AVOCADO-KAKAO-CREME:

2 kleine weiche Avocados

4 EL Kakaopulver

3–4 EL Ahornsirup oder
Kokosblütenzucker

BELAG:

je 1 Handvoll Him-, Heidel-,
Brom- und Erdbeeren

DEKO:

Kokosflakes

Minze

essbare Blüten

1. Backofen vorheizen und Quinoateig nach Grundrezept zubereiten und backen.

2. Für die Creme Avocados entkernen und Fruchtfleisch in einen Mixbecher löffeln. Kakao und Ahornsirup oder Kokosblütenzucker hinzugeben und mit dem Stabmixer pürieren.

3. Teig mit der Avocado-Kakao-Creme bestreichen und mit den Beeren garnieren. Kokosflakes, Minze und essbare Blüten dekorativ darauf verteilen.

To go: Lässt sich gut mitnehmen.

Glutenfrei *bei Verwendung von glutenfreiem Backpulver*

 LF

 VG

HYGGE – DIE NEUE „GLÜCKSFORMEL"

Hygge, der dänische Begriff für Gemütlichkeit und Wohlfühlen, gilt als Erklärung des Geheimnisses, warum die Dänen ein so glückliches Volk sind. Hygge wird in Dänemark ganz groß geschrieben. Wörtlich bedeutet der Ausdruck so viel wie „Wohlbefinden verbreiten". Die Kernbotschaft ist „Zusammensein".

Das zeigt schon, dass Hygge universell und für jeden Menschen möglich ist, unabhängig von Nationalität, Herkunft etc. Mir gefällt dieses Konzept sehr. Hygge bewusst zu leben, ist mir wichtig. Kochen und Essen spielen dabei eine zentrale Rolle.

Gutes Essen schafft Wohlbefinden und gemeinsam zu kochen und zu essen ist eine wunderbare Möglichkeit, mit lieben Menschen Zeit zu verbringen. Der gemeinsame Genuss einer leckeren Mahlzeit bedeutet für mich eine wichtige Energiequelle und eine große Bereicherung. Dass ich diese Erfahrung mit vielen Menschen teilen möchte, ist für mich mit ein Antrieb dafür, Kochbücher zu schreiben.

Angeregt durch das Konzept der Hygge habe ich eine Liste meiner ganz persönlichen Glücksfaktoren erstellt, um mir bewusster vor Augen zu führen, was mich glücklich macht. Ich kann es nur empfehlen, eine solche Liste zu verfassen – allein schon das Denken an glückliche Momente heitert den Horizont auch an grauen Tagen auf und hilft uns, im Alltag nicht auf die kleinen und großen Auszeiten zu vergessen.

Was mich persönlich glücklich macht:

- *Mit Freunden ZEIT verbringen*
- *KOCHEN – es ist beruhigend und kreativ und man schafft etwas Schönes für sich und andere*
- *GUTES ESSEN in heiterer Gesellschaft*
- *SPORT – abschalten, in Bewegung sein und das Gefühl danach*
- *NATUR einatmen, beobachten und genießen*
- *WANDERN – vor allem in meiner Heimat Vorarlberg, umgeben von Bergen*
- *SNOWBOARDEN – vor allem bei Tiefschnee*
- *SURFEN – eins mit dem Element Wasser zu werden ist für mich eine ganz besondere Erfahrung von Entspannung und „Peacefullness"*
- *REISEN – neue Kulturen, Menschen und Geschmäcker kennenlernen*
- *SCHWIMMEN – vor allem untertauchen, das Nass auf meiner Haut spüren*
- *LACHEN – aus vollem Herzen mit lieben Freunden*

Grundrezepte

BLUMENKOHL-TEIG

ZZ: 15 MINUTEN

SF: 35-45 MINUTEN

ZUTATEN FÜR 2 PERSONEN:

1 Blumenkohl (ca. 600 g)

300 g Gouda oder Bergkäse

2 EL Currypulver

4 Eier

Salz

1. Backofen auf 200 °C Umluft (220 °C Ober-/Unterhitze) vorheizen. Blumenkohl in Röschen teilen und waschen. Fein hacken und in eine Schüssel geben. Käse reiben. Blumenkohlbrösel mit Käse, Currypulver, Eiern und Salz vermengen, bis eine homogene Masse entsteht.

2. Teig auf ein mit Backpapier belegtes Blech streichen und im vorgeheizten Ofen auf der mittleren Schiene etwa 20–30 Minuten backen, bis der Teig fest ist.

GF   VEG

QUINOA-TEIG

 ZZ: 10 MINUTEN
(+ 6 H EINWEICHZEIT)

SF: 30–35 MINUTEN

ZUTATEN FÜR 2 PERSONEN:

150 g Quinoa

ca. 50 ml Wasser

1 TL Backpulver

½ TL Salz

einige EL Quinoa- oder Kichererbsenmehl und/oder Quinoa-Pops

1. Quinoa am Vorabend (oder mind. 6 Stunden) in einer Schüssel mit Wasser einweichen.

2. Backofen auf 220 °C Ober-/Unterhitze (200 °C Umluft) vorheizen. Quinoa gut abspülen und in einer Küchenmaschine oder in einem Mixer mit Wasser, Backpulver, Salz und je nach Konsistenz des Teiges mit etwas Quinoa- oder Kichererbsenmehl für ca. 2 Minuten mixen. Nach Bedarf Mehl und/oder Quinoa-Pops unterrühren, der Teig sollte leicht cremig, aber nicht zu flüssig sein.

3. Teig gleichmäßig rund auf ein mit Backpapier belegtes Blech streichen und im vorgeheizten Ofen ca. 15–20 Minuten backen. Mit den gewünschten Zutaten bestreichen bzw. belegen.

Glutenfrei *bei Verwendung von glutenfreiem Backpulver*   LF   VG

FLAMMKUCHEN-TEIG
MIT BUCHWEIZENMEHL

 ZZ: 15 MINUTEN
(+ 45 MINUTEN GEHZEIT)

 SF: 1 H 15 MINUTEN

ZUTATEN FÜR 2 PERSONEN:

15 g frische Hefe

125 ml lauwarme Buttermilch

150 g Buchweizenmehl

100 g glutenfreies Mehl
plus Mehl zum Arbeiten

20 g flüssige Butter

1 Prise Zucker

1 Prise Salz

1. Hefe in lauwarmer Buttermilch verrühren, zu den beiden Mehlsorten geben. Flüssige Butter, Zucker und Salz hinzufügen und alles zu einem Hefeteig verkneten. Teig ca. 45 Minuten an einem warmen Ort gehen lassen (er geht nicht ganz so stark auf wie normaler Hefeteig).

2. Teig je nach Formwunsch auf einer bemehlten Arbeitsfläche ausrollen und nach Belieben einen 1 cm dicken Rand formen.

3. Backofen auf 250 °C Ober-/Unterhitze (230 °C Umluft) vorheizen. Teig im vorgeheizten Ofen ca. 10–15 Minuten backen.

GF VEG

HUMMUS

ZZ: 15 MINUTEN

SF: 15 MINUTEN

ZUTATEN FÜR CA. 500 G HUMMUS:

240 g Kichererbsen aus der Dose

250 ml Gemüsebrühe

1 Knoblauchzehe

1 unbehandelte Zitrone

½ TL Kreuzkümmelpulver

½ TL Paprikapulver

1 Msp. Chilipulver

Salz

Pfeffer

2 TL Olivenöl

1. Kichererbsen abgießen und abspülen. Bis zur Verwendung leicht in der Gemüsebrühe köcheln lassen. Knoblauch schälen und fein hacken. Zitrone heiß waschen, trockenrubbeln und Schale abreiben. 2 EL Saft auspressen.

2. Kichererbsen abgießen, dabei die Gemüsebrühe auffangen. Kichererbsen mit Knoblauch, Zitronensaft und einem Drittel der aufgefangenen Gemüsebrühe mit einem Stabmixer fein pürieren. Hummus mit Kreuzkümmel, Paprika- und Chilipulver, Salz, Pfeffer und Zitronenschale abschmecken. Olivenöl darüber träufeln.

EVAS VEGANES KRÄUTER-PESTO

ZZ: 15 MINUTEN

SF: 15 MINUTEN

ZUTATEN FÜR 1 GLAS:

1 ½ Bund Petersilie (ca. 70-80 g)

1 Bund Basilikum (ca. 40 g)

¼ Bund Koriander (ca. 20 g)

2 Knoblauchzehen (oder nach Belieben mehr)

4-5 EL Pinienkerne

2 EL Kürbiskerne

1 EL Koriandersamen nach Belieben (macht das Pesto etwas frischer)

½ TL Salz (oder nach Belieben etwas mehr)

feinstes Olivenöl

1. Petersilie, Basilikum und Koriander waschen, Blätter abzupfen, trockenschütteln, in einen Mixer geben. Oder alle Kräuter in ein hohes Gefäß geben und mit einem Stabmixer mixen. Knoblauch schälen.

2. Pinien- sowie Kürbiskerne, Koriandersamen, Knoblauchzehen und Salz zu den Kräutern geben. Alles gut mixen und Olivenöl je nach gewünschtem Flüssigkeitsgrad des Pestos hinzugießen (mind. 100 ml, max. 200 ml).

3. Pesto in ein Schraubglas geben, glatt streichen und noch etwas Olivenöl daraufgießen, so dass die Oberfläche knapp bedeckt ist. So bleibt das Pesto länger frisch und das Aroma bleibt besser erhalten.

Tipp: Gut verschlossen hält sich das selbstgemachte Pesto im Kühlschrank etwa 2-3 Wochen.

GF   LF   VG

TOMATENSAUCE FÜR PIZZA

 ZZ: 15 MINUTEN

SF: 15 MINUTEN

ZUTATEN FÜR 1 PIZZA:

½ Bund Basilikum

3 Knoblauchzehen

2 Schalotten

2 EL Olivenöl

1 TL Honig

2 EL Weißweinessig oder Balsamicoessig

1 Msp. Chilipulver nach Belieben

1 Dose stückige Tomaten

Salz, Pfeffer

1. Basilikum waschen, trockenschütteln und fein hacken. Knoblauch und Schalotten schälen und beides fein hacken.

2. 1 EL Olivenöl in einer Pfanne erhitzen und Schalotten darin mit dem Knoblauch glasig dünsten. Honig dazugeben. Mit Weißweinessig oder Balsamicoessig ablöschen.

3. Chilipulver nach Belieben hinzugeben. Stückige Tomaten sowie restliches Olivenöl, Salz und Pfeffer hinzugeben und alles bei mittlerer Hitze etwa 4–5 Minuten dünsten. Basilikum untermischen und kurz mitkochen lassen.

Tipp: Schmeckt auch herrlich mit anderen italienischen Kräutern wie Rosmarin oder Oregano.

GF LF VEG

Vegane Variante: *Honig weglassen oder durch Ahornsirup ersetzen*

Register

HINWEISE ZU DEN REZEPTEN:

Bei Backtemperaturen ist immer jene Art Hitze zuerst angegeben, die für das Rezept am besten geeignet ist. Sofern nicht anders angegeben, wurden Eier der Größe M verwendet. Der Hinweis „laktosefrei" findet sich nur bei Rezepten mit ausschließlich laktosefreien Zutaten. Werden Lebensmittel verwendet, die geringe Mengen Laktose enthalten, sind die Rezepte nicht als laktosefrei gekennzeichnet. Den Hinweis „glutenfrei" haben nur Rezepte, deren Zutaten unabhängig vom Hersteller glutenfrei sind. Werden Zutaten verwendet, die glutenhaltig oder glutenfrei sein können, z.B. Backpulver, findet sich der Hinweis „glutenfrei bei Verwendung von glutenfreiem Backpulver".

Q

R

S

T

W

Z

ZU CHARAKTERISIERUNG DER REZEPTE HABEN WIR FOLGENDE SYMBOLE ENTWICKELT:

GF

Das Rezept ist glutenfrei

LF

Das Rezept ist laktosefrei

VEG

Das Rezept ist vegetarisch

VG

Das Rezept ist vegan

MACH DIE REZEPTE NOCH LEICHTER MIT LCF:

MACH'S NOCH LEICHTER

Im Rezeptteil finden sich spezielle Buttons mit „Mach's leichter". Sie kennzeichnen Rezepte, mit denen sich besonders einfach Kalorien einsparen lassen.

ZEITANGABEN:

 ZZ= Zubereitungszeit

 SF= Servierfertig

SPECIALS:

 To go: Rezepte zum Mitnehmen & Vorbereiten

 Tipps fürs saisonale Kochen

Dank

gebührt folgenden Freunden,
fleißigen Händen und Mithelfern:

Meinen Eltern

Theresa Koppler für ihre großartige Kochhilfe

Andrea Schubert mit ihrem wunderschönen Kirschgarten

Andrea Schauer für ihre Kochkünste

Julia Stix als wunderbarer Fotografin

Julia Leissing als bester Grafikerin, die ich mir wünschen könnte

Kendra Rainalter, weil du immer für mich da bist, wenn ich dich brauche

Michael Grubhofer für die Samstagnachmittagsgespräche

Eva Fischer

Julia Leissing

Julia Stix

Else Rieger

EVA FISCHER,

geb. 1986 in Vorarlberg, ausge-bildete Gesundheitsmanagerin, Ernährungsexpertin, Food-Fotografin, -Stylistin, -Bloggerin sowie Rezeptentwicklerin.

Für ihren beliebten Blog foodtastic wurde sie mehrfach mit Awards ausgezeichnet. Sie schreibt regelmä-ßig für Magazine, gibt Workshops, ist Gast bei TV-Auftritten oder Food-Events.

Neben fachlichen Beiträgen zu Ernährung & Gesundheit liebt sie es, zu reisen und neue Geschmä-cker zu entdecken.

JULIA LEISSING,

geb. 1984 in Vorarlberg, Ausbildung in Wien auf der Graphischen, seit über 10 Jahren Wahlwienerin. Julia und ihr Mann lieben Reisen, auf denen sie viel Neues ausprobieren, und bauen ihr eigenes Gemüse auf der Terrasse an. Foodtastic unter-stützt sie grafisch seit der 1. Stunde, weitere Projekte gibt's auf www.julikat.com zu sehen.

JULIA STIX,

geb. 1984 in Wien, nach einigen Jahren als Fotografin für die Tages-zeitung "Die Presse" ist sie seit 2011 als freiberufliche Fotografin erfolgreich tätig. Ihre Arbeit kon-zentriert sich auf Food-Fotografie mit zahlreichen Veröffentlichungen in Magazinen, Kochbüchern, Werbung, etc. Weitere Arbeiten sind zu sehen auf www.juliastix.com

ELSE RIEGER,

geb. 1970 in Salzburg, deutsche Wahlwienerin. Schätzt an Koch-büchern die Herausforderung, Wissen und Handlungsanweisungen bestmöglich in Worte und Bilder zu kleiden.

IMPRESSUM

Bibliografische Information der Deutschen Nationalbibliothek
Die Deutsche Nationalbibliothek verzeichnet diese Publikation in der Deutschen Nationalbibliografie;
detaillierte bibliografische Daten sind im Internet über http://dnb.d-nb.de abrufbar.

1. Auflage

REZEPTE UND TEXTE: Eva Fischer, www.foodtastic.at
FOTOGRAFIE: Julia Stix, www.juliastix.com
GRAFISCHE GESTALTUNG: Julia Leissing, www.julikat.com
LEKTORAT: Else Rieger
PROJEKTLEITUNG BRANDSTÄTTER VERLAG: Stefanie Neuhart

BILDNACHWEIS:
VS, 16, 36, 54, 78, 100, 122, 134, 152, 162, 167, NS © Thinkstock

ISBN 978-3-7106-0179-8

Christian Brandstätter Verlag
GmbH & Co KG
A-1080 Wien, Wickenburggasse 26
Telefon (+43-1) 512 15 43-0
Telefax (+43-1) 512 15 43-231
E-Mail: info@brandstaetterverlag.com
www.brandstaetterverlag.com

Designed in Austria, printed in the EU

FÜR DAS ZURVERFÜGUNGSTELLEN VON GESCHIRR DANKEN WIR:
RIESS www.riess.at
HOUSE DOCTOR www.housedoctor.dk

WWW.LIFECHANGINGFOOD.INFO

WWW.BRANDSTAETTERVERLAG.COM

Haftungsausschluss
Dieses Buch ist ein Kochbuch und enthält Rezepte mit natürlichen, sorgfältig zusammengestellten Zutaten. Es ist jedoch kein medizinischer Ratgeber und die darin enthaltenen Rezepte sind nicht zur medizinischen Behandlung von Beschwerden gedacht. Der Verlag und die Autorin übernehmen keine Haftung für etwaige nachteilige Folgen in Zusammenhang mit dem Gebrauch des Buches. In allen medizinischen Fragen oder bei körperlichen Beschwerden ist Hilfe von fachlicher Seite (Arzt, Heilpraktiker) in Anspruch zu nehmen.